秘书规范

廖金泽秘书实效训练课程系列

MISHU GUIFAN

廖金泽 著

中山大学出版社

·广州·

图书在版编目（CIP）数据

秘书规范/廖金泽著．—广州：中山大学出版社，2011.9
（廖金泽秘书实效训练课程系列）
ISBN 978-7-306-03951-4

Ⅰ．秘…　Ⅱ．廖…　Ⅲ．秘书学　Ⅳ．C931.46

中国版本图书馆 CIP 数据核字（2011）第 151426 号

出 版 人：祁　军
策划编辑：邹岚萍
责任编辑：邹岚萍
封面设计：林绵华
责任校对：曾育林
责任技编：何雅涛
出版发行：中山大学出版社
电　　话：编辑部 020-84111996，84113349，84111997，84110779
　　　　　发行部 020-84111998，84111981，84111160
地　　址：广州市新港西路 135 号
邮　　编：510275　　　　传　真：020-84036565
网　　址：http://www.zsup.com.cn　　E-mail:zdcbs@mail.sysu.edu.cn
印 刷 者：广州市新明光印刷有限公司
规　　格：880mm×1230mm　1/32　9 印张　234 千字
版次印次：2011 年 9 月第 1 版　2011 年 9 月第 1 次印刷
印　　数：1～5000 册
定　　价：20.00 元

如发现本书因印装质量影响阅读，请与出版社发行部联系调换

目　录

想做好秘书，就找廖金泽

（丛书代序）

随着全球经济日趋一体化，社会急需大批品质优秀、训练有素、能力卓越的秘书、助理、行政及办公人员，但令人遗憾的是，国内现行的教育体系和认证制度所采用的仍然是应试教育的模式，难以培养和造就出具有综合能力和专业经验的秘书人才。有鉴于此，我凭借自己20多年积累的丰富的秘书培养和训练经验，根据秘书的工作内容，制订操作标准，设计行为规范，并且采用情景式教学与体验式训练相结合的演练手段，将秘书素养、秘书技能、秘书规范、秘书实务四大类共160项训练内容整合成一套完整的秘书训练体系，也就是本套丛书：廖金泽秘书实效训练课程系列。

这套训练课程通过实景的训练环境、标准的工作氛围、出色的专业教练、经典的实务案例、逼真的角色扮演、生动的训练手段等所构成的立体训练模式，足以确保学员们在完成全套训练科目的过程中获得令人称道的职业素养、出类拔萃的职业技能、丰富成熟的职业经验，从而成为训练有素的专业人才。

20多年来，我用这套训练课程在全国各地培养或训练了100多万秘书、助理、行政及办公人员，效果显著，反响强烈，好评如潮，中兴、创维、TCL、远大等数百家著名企业曾以此开展秘书内训，香港李嘉诚先生的上市公司和凤凰卫视等众多机构也曾慕名前来求荐秘书。有人因此这样评价："想做好秘书，就找廖金泽；想要好秘书，更要找廖金泽！"

廖金泽秘书实效训练课程系列包括《秘书素养》、《秘书技能》、《秘书规范》、《秘书实务》4本书，它们既是高校及职业院校文秘、行政、商务、管理等专业的课堂教材，也是在职文员、秘书、助理、行政及办公人员的工作指南，对于提高秘书的职业素养，提升秘书的职业技能，规范秘书的职业行为，确保秘书的职业水准，无疑具有典范性的指导作用。

廖金泽电子邮箱：LiaojinZe@126. com

廖金泽 QQ 信箱：1046169111@qq. com

廖金泽新浪博客：http：//big. sina. com/Liaojinze

深圳秘书网：www. szmishu. cn

深圳市秘书执业水平等级认证培训班报名热线：0755-84162910

廖金泽秘书学院招生报名热线：0755-84164093

廖金泽秘书实效训练课程特许申请热线：13005438881

廖金泽秘书训练连锁机构加盟申请热线：15821308881

欢迎登录、浏览、跟帖、报名、咨询、自荐、招聘、交流、合作、加盟。

以各种方式参与本套丛书写作的有廖群、包璐、杨穗琴、包善发、袁国强、杨韵琴、袁杨灏、廖骅、张桂凤、廖犁、吕雯、赵家骥、廖文军、廖俊富、廖俊凯、董春燕、陈元冬、张琳娜、张莉、宋春霞、谢波平、王雪英、龚雪萍、聂双、陈鲜艳、阿玉芬、杭永娟、周中胜、徐开秀、张东平、陈元江等，在此一并致谢。

廖金泽

2011 年 6 月

前　言

众所周知，秘书规范是秘书有别于其他职业的一种特殊的行为规范，也是外界衡量与评价一位秘书是否专业的直观标准。

办事要讲规则，做事要讲规范，这是任何一种职业都会强调的行为要求。

作为专业人士，秘书的形象、举止、言行乃至办事方式，更应该符合职业规范的要求，并且以此养成良好的职业习惯。

在廖金泽秘书实效训练课程中，秘书规范可以说是最具有标准化特点的训练内容，因为它是秘书待人处世行为表现的唯一选择。

凡是可以用标准衡量的具体行为，都必须用规范加以统一，唯有如此，才能体现其职业性，才能做到训练有素。

也唯有训练有素，才能让人们对秘书刮目相看。

这就是职业化和标准化的根本所在。

因此，身为秘书，必须一丝不苟、不厌其烦、极其严格地通过系统训练，使自己在职场上的行为与表现完全符合秘书职业规范的要求。

舍此之外，别无选择。

本书包含了形象规范、事务规范、职务规范、内务规范、外务规范、业务规范、实务规范、礼仪规范共 8 类 40 项与秘书行为规范有关的训练科目，这些训练内容非常具体也非常形象，堪称秘书职业行为的样板与典范。

上述 40 项训练科目视内容难易程度，在训练时间上有长有短，长则需要 8 课时，短则需要 2 课时，合计训练时间为 160 课时。

本书附有训练方式介绍，可供教学训练或个人自修时参考。

本书还附有综合考评题库及考评方式，既适合高校与职业院校文秘类专业及相关专业的在校教学，亦适合各企事业单位秘书、助理、行政及办公人员的在职训练。

俗话说：讲十遍不如看一遍，看十遍不如做一遍。如果能在教学训练时配套观摩，或在个人自修时上网观看由我编导摄制的40集情景演示电视系列教学片《秘书规范》，培训效果将会更加显著。

需要特别强调的是，本书已被深圳注册秘书网指定为深圳市注册秘书执业水平等级认证计划中《深圳市通用秘书执业证书》的认证培训专用教材，并将成为全国高校文秘类专业教改实验班的专用教材，成为深圳、香港、澳门、台湾秘书业界互相交流、彼此认证的基础。

如果还有什么问题需要解决，请登录深圳秘书网 www. szmishu. cn 查询，或通过电子邮箱 LiaojinZe @126. com 与我联系。

我的新浪博客：http：//blog. sina. com. cn/Liaojinze

廖金泽

2011 年 6 月

第一单元　形象规范

秘书的职业形象具有非常直观的视觉效果，因为在外人看来，秘书往往代表着领导乃至整个单位的形象。因此，所有与职业形象有关的行为及表现，秘书都必须做到无可挑剔、完美无缺。

本单元包含五项训练科目，分别是仪表规范、仪态规范、举止规范、见面规范、写作规范。

毫无疑问，它们都是秘书职业形象规范中的基本内容。

训练科目1　仪表规范

训练目的

了解职业外表的基本要求，掌握职业打扮的基本方法。

训练方式

专家演示、影像观摩、图书阅览、专项演练、分组练习、个人训练。

训练方法

观摩情景电视系列教学片《秘书规范》第一辑第1集。

教练分段讲解，现场示范，并对学生演练情况进行点评与指导。

学生或各自对镜练习，或两人一组互相演练，或当场摄录并回放演练过程，纠正动作，反复演练，直至掌握规范要领，做到像模像样，有板有眼，动作娴熟，形成习惯。

训练时间

4课时。

训练提示

秘书未必要长得好看，但一定要长得顺眼。

很显然，在这里，仪表是第一重要的。因为人的外表能够在第一时间给他人一个印象，而印象良好与否，直观效果非常重要。

尤其是在职场上，“人丽”资源往往比人力资源更容易受到关注。

训练内容

特殊的工作场合和工作性质，决定了秘书形象的标准规范是：

整洁、清爽、端庄、优雅、成熟、敏捷。

塑造职业形象，除了内心修炼之外，外形的精心装扮也很重要。我们通常把这种外形的改变称为形象塑造，这是因为，一个人外形产生的客观效果往往会直接影响到他人的主观判断。

不可否认，在别人并不了解我们的时候，第一印象很容易起决定作用。

形象规范之一：发型整洁

俗话说：好心情从“头”开始。一个人的头发整理好了，自我感觉也会好很多。而漂亮的发型对我们来说，有时甚至比化妆和服饰更重要。

秘书的发型必须和自己的脸型相配，和职业相称，和身份相符。

头发发质应该如丝质一样柔顺，乌黑发亮，没有头皮屑，而且不能染成黑色之外的其他颜色，因为中国人黄皮肤黑头发的搭配是与生俱来的，任何一点颜色上的变化都会显得不伦不类。

当然，如果为了时尚，有时在发梢上染一点其他颜色，也无可厚非，关键是不要太过夸张。

女秘书最适合的发型是干净整洁的直短发，或者齐肩直发。

圆脸的发型不宜用三七分，但是可以留中分式的齐耳或齐肩

的中长直发，不留刘海。

短发可以是运动型的，也可以是齐耳的，或者剪出层次的，或者烫成小波浪的，这要根据自己的脸型和气质来决定。

长发可梳拢在一起扎成马尾状，或在脑后盘成发髻，否则，当我们俯身处理公务时，长发很可能会挡住自己的视线。如果我们总是用手往耳后撩拨头发，难免会分散上司的注意力。

长发虽然会给人优雅的美感，但也确实会影响工作效率。

（示范图1：女秘书梳理后的发型规范）

示范图1

形象规范之二：化妆素雅

在五官方面，首先要关注的是眼神，因为清澈、明亮、传神的眼睛是整体形象的重点。

要想使眼睛达到清澈明亮的效果，女秘书在化妆时用色不能多，线条不能粗，可以用单色眼影给自己的眼睛营造“美目盼兮”的感觉。

其次，鼻子在五官中起着立体的作用，塑造鼻型主要依靠营造鼻侧的阴影来表现。一般而言，选用浅咖啡色作为阴影色比较理想。

嘴唇在面部的地位仅次于眼睛，是人们比较注意的地方，也是五官中最有个性的部位。

设计嘴型时，要根据嘴唇比较平面的特点，按其他四官的大小比例来确定唇型的大小与厚薄。

一般来讲，唇型丰厚，唇峰分开，容易给人大方而且稳重的感觉。

外出公务时，化妆的色彩可以稍微活泼或艳丽一些，使人看上去容光焕发、生机勃勃。

商务应酬和社交活动时，化妆的重点是要注意场合。

办公室内的化妆色彩要给人一种舒服、清秀、富有亲和力的优雅效果。

总之，化妆既不能艳俗，也不能过于精致，最好的选择就是素雅，一种似有若无宛若天成的效果。如果人们过于注意我们的脸部而忽略了我们的工作，就说明我们的化妆有些过分了。

（示范图 2：女秘书化妆后的形象规范）

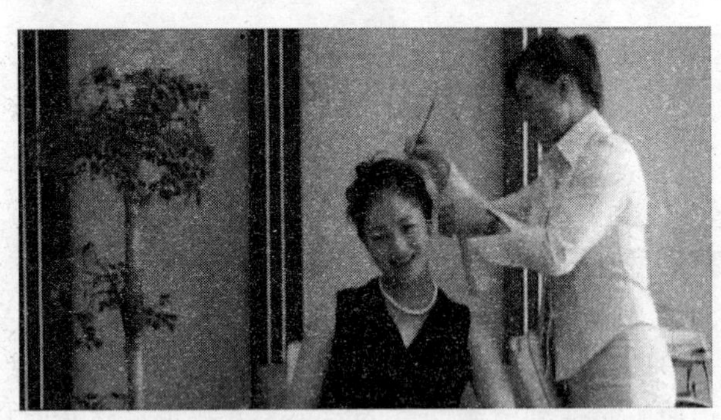

示范图 2

形象规范之三：着装得体

女秘书的着装款式应该以端庄大方、稳重高雅的裙装或裤装

为主。

裙装比较优雅，比较有女人味，行动也很方便，可作为女秘书的职业装首选。

（示范图3：女秘书身穿裙装的着装规范）

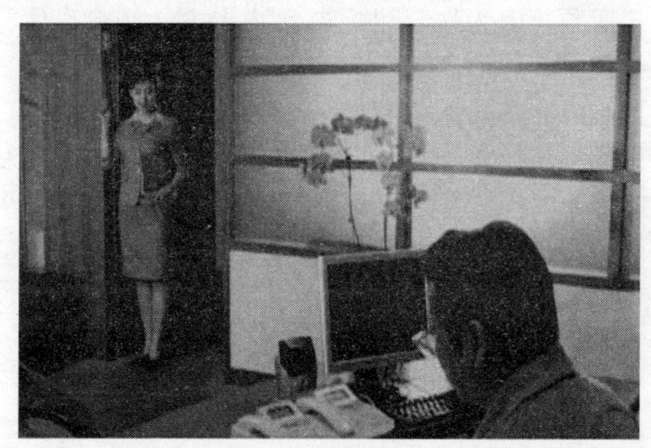

示范图3

相对于裙装的亭亭玉立，裤装则显得优雅成熟、干净利落。

（示范图4：女秘书身穿裤装的着装规范）

示范图4

女秘书的职业服装应该是线条简单、剪裁大方的组合型套装，这种优雅大方、风格明快的服装，既能够恰如其分地表现秘书的身份和地位，也能有效地增加别人对秘书的好感和信任。

除了标准的职业装外，时尚流行的欧美式休闲装也是相当不错的上班服装，因为选料讲究、款式大方、剪裁得体、穿着舒适、风格优雅、行动自如的休闲装，能够增添职业女性的活力和灵气，而且也非常的生动迷人。

秘书无疑是最受人瞩目的高级白领，也是有一定地位的专业人士，因此，秘书所选择的服装，其质地与款式都更讲究一些。

对秘书来讲，身着一套度身设计与定制的优质服装，不但可以显示自己的权威性与亲和力，便于沟通，而且也有利于创造与调节办公室内的气氛。

秘书的着装只要好看、合身、得体就行，是否名牌并不重要。

形象规范之四：色调和谐

办公室内的着装色彩不能太艳，否则会影响别人的注意力。尤其是那种明艳的颜色，很容易给人一种不安定的感觉。

办公室内最适宜的着装颜色是灰色系列，无论是深灰、浅灰还是驼灰，凡是灰色系列的服装，总会产生一种温馨、舒适、柔和、稳重的效果。

而且灰色系列和办公家具的色彩搭配比较容易协调。

如果要调节办公室内的气氛，则可以选用明黄色或鹅黄色，这些亮色无疑是最好的色彩，因为它们能够让人赏心悦目、精神愉悦。

办公室内的服装和色彩的搭配是一门学问，为此，我们专门邀请国内著名的服装色彩专家孔令茜教授现场演示服装色彩的搭配方法。

孔教授："首先我要给各位讲的是如何来划分冷色调和暖色

调，我们看这个图，左边是暖色调，暖色调是一个黄色调。右边是冷色调，冷色调是一个蓝色调。由这个基调可以分出人的肤色，包括所有的色彩。”

“凡是有色彩的东西，都可以分成冷色和暖色两个色调。这里有一朵花，如果加黄色颜料，它就变得越来越黄。如果加蓝色颜料，它就会变得越来越蓝。黄色本来是暖的，但加了蓝色之后，它就变冷了。”

“我们每个人的肤色是不一样的，尽管我们都是黄种人，但我们有的人脸色黄里带点红晕，有的却一点红晕都没有，全是黄黄的。像这位小姐，尽管她有一点红晕，但是根据她整个肤色观察，也是冷色调，比较浅一点的冷色调。我现在给她上一块深一点的暖一点的黄色布，我们再看一下她的肤色，这块布和她的肤色没有打架，也就是说，没有像刚才那块蓝色布那样抢眼，光看到蓝色布，看不到她的肤色。我们再看这块浅色的布，拉上来之后是什么感觉？她的肤色是不是变亮了？她的肤色是不是匀称了？她的眼睛是不是也变得亮一些了？她是不是变得更年轻更精神了？”

“这就说明，这位小姐所驾驭的色调应该是暖色调的，而且清浅色调的颜色对她来说比较合适，这是一个冷暖色调。”

“在座各位都是这样，用专门的色布拉上去比试一下，就知道自己的肤色究竟是冷色还是暖色，这样去买衣服的时候就容易选择了。比如刚才这位小姐，她适合的颜色是暖色的清浅系列，她买衣服时冲着这个颜色就行了，这就是色调。”

“接着我要给你们讲的是款型的问题。有的人适合色调渐变的搭配，有的人适合色调对比的搭配。比如刚才这位小姐，她做造型，这样搭配就比较好看。她要是穿一件这样的衣服，配上这样一条丝巾，就会显得端庄雅致，而且不俗。”

“一旦找到自己的色彩之后，买衣服就会变得很简单，只要拿着色本找自己的颜色。这个色本里边是互相协调的，出门前也可以此做参考，什么裙子配什么上衣，只要色调统一了，那么搭配出来的效果肯定是漂亮的。”

女秘书现场提问：“孔教授您好，我想请教您，我今天这身职业套装适合我吗?”

孔教授：“作为秘书，你今天穿这套衣服，我认为是可以的。你今天的妆化得也不错，因为化妆的最高境界是刻意中的不经意，就是精心化妆却不露痕迹。我觉得你是一个冷色调皮肤的人，你现在身上穿的衣服属于黑白两色搭配，和你的冷色调比较吻合。你在职场上穿这身衣服，应该算是过关了。”

训练小结

秘书的仪表是由发型、五官、化妆、打扮、表情等外形因素所构成的，而待人处世时所表现出来的温和谦逊、不卑不亢的态度，往往比穿着打扮更要讲究职业的规范。

相由心生，要想使自己的外表符合秘书的职业形象要求，最快捷最有效的方法就是模仿专业人士，借鉴他人经验，通过适当打扮，塑造专业形象。

训练科目2 仪态规范

训练目的

了解职业仪态的基本要求，掌握职业仪态的标准做法。

训练方式

专家演示、现场观摩、影像观摩、图书阅览、分组练习、个人训练。

训练方法

观摩情景电视系列教学片《秘书规范》第一辑第2集。

教练分段讲解，现场示范，并对学生演练情况进行点评与指导。

学生或各自对镜练习，或两人一组互相演练，或当场摄录并回放演练过程，纠正动作，反复演练，直至掌握规范要领，做到像模像样，有板有眼，动作娴熟，形成习惯。

训练时间

6课时。

训练提示

对秘书来讲，良好的仪态也是一种职业素质，无论站、坐、行、走、蹲，任何一个看似不起眼的动作，其实都反映了一个人的文化修养。

所以我们要特别强调，秘书的仪态是需要精心修炼和精心塑造的，只有改掉所有不良的习惯，才能使自己的仪态达到职业规范的要求。

训练内容

仪态代表一个人的修养和行为风格，标准的职场仪态包括站立、行走、入座、下蹲、依靠等。

仪态规范之一：站姿挺拔

站立时的姿态要挺拔，头部要保持挺直，双腿要并拢，双手要自然下垂，双肩要打开并放松，胸部要略挺，目光要平视，脸上要有微笑，双脚要站成小八字或小丁字步，身体重心要落在前脚掌上。

对于女秘书而言，站立的姿态还要表现出一种职业性的优雅。

优雅是一种内心暗示，只要感觉到位，站立时自然就会表现出来。

（示范图5：女秘书站立时的姿态规范）

示范图5

仪态规范之二：走姿轻盈

女秘书行走时稍带些飘逸感，样子会非常好看。

无论穿什么样的鞋，也无论鞋跟有多高，只要走路时像小鹿那样轻盈飘逸有弹性，双手随步伐前后自然摆动，就会表现出职业女性的干练。

（示范图6：女秘书行走时的姿态规范）

示范图6

仪态规范之三：坐姿优雅

入座时，站立的位置应该在椅子前小半步的距离，这样坐下去可以保持上身挺拔，而且往椅背上倚靠时也容易放松。

入座后正确的坐姿是浅坐，浅坐的好处是站坐自如，不用过多变化身体形态，也就是说，不太容易失态。

重要的是，女性无论采取怎样的坐姿，膝盖一定要靠拢，上身一定要挺拔。即使坐累了，需要靠在椅背上借一下力，也应该挺直身板朝后靠，然后身体内部再悄然放松，让外人难以察觉。

（示范图 7：女秘书端坐时的姿态规范）

示范图 7

在非正式场合可以跷起二郎腿，但抬腿时要把脚尖伸直，膝盖以上的大腿部分则始终不能分开。一条腿在空中画出一道优美的弧线后，再将这条腿架在另一条腿上。这样跷腿的姿态既显高贵，又有惬意的风情，是一些成熟的女性比较优雅干练的姿态。

仪态规范之四：上车有度

女秘书上车时的姿势也有讲究。一般来说，女性上车时，往往会钻进车内，采取这种姿势比较方便，但样子却非常难看，尤其是穿裙子的时候会很不雅观。

正确的上车姿势应该是打开车门，背靠车厢，保持上身挺直，将臀部靠近坐垫，然后坐下去，再将臀部挪进去，然后坐正姿势。这样做既显得很有修养，也非常有风度。

（示范图8：女秘书上车时的姿态规范）

示范图8

仪态规范之五：下蹲有节

在日常生活和工作中，我们经常会做出一些蹲下身或弯下腰捡拾地上物品的动作。

正确的捡拾方式是，人走到物品的左侧，一脚在前，一脚在后，上身保持挺直，慢慢蹲下身，然后用右手就近捡拾物品，整个下蹲的动作显得很有节制，从容不迫，姿态优雅。

仪态规范之六：依靠有矩

我们经常看见有些女性在等候时常常摆出一种慵懒斜倚的姿态，其实，无论是倚还是靠，女性都应保持一种内部放松而外部自然的状态，符合职业女性的标准做派与传统规矩。

（示范图9：女秘书捡拾物品时的姿态规范）

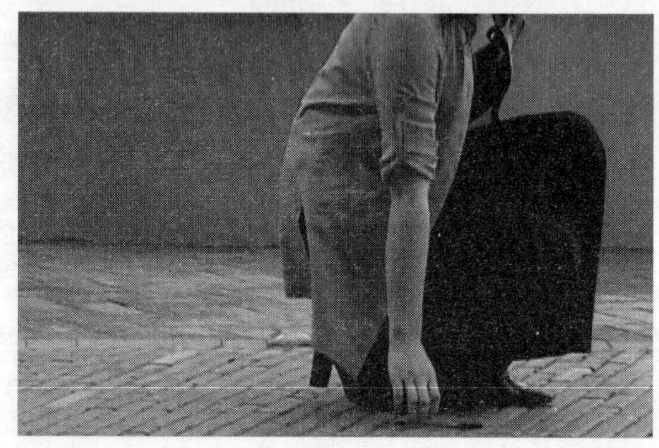

示范图9

（示范图10：女秘书倚靠物体时的姿态规范）

示范图10

至于两手交叉，或两手抱胸，或两手叉腰，或双腿交叉，则都有点失态。这些动作对于女秘书而言都是极不雅观的，必须坚决杜绝。

仪态规范之七：交谈有礼

秘书工作中最频繁的事情恐怕就是接听电话，接待来访，与人交谈。

在这些与人交流沟通的过程中，秘书始终应该保持一种全神贯注、微笑以对的仪态。

比如会客时，礼貌的坐姿既表示对对方的尊重，同时也表现出一种得体的仪态。

（示范图 11：女秘书会客时的姿态规范）

示范图 11

再比如闲暇时和女同事上咖啡店品茗，或者去健身房做运动。几乎随时随地，我们都在表现一种职业性的仪态，它并不会因为场地及对象不同而有所取舍，改变的只是程度而非性质。

也就是说，身为秘书，我们必须始终保持应有的职业仪态，无论在职场上还是在生活中，都应如此，不能含糊。

事实上，职业女性的标准仪态从以下两个方面可以获得：

一是日常工作。长期从事一种职业，自然会养成一种职业习惯，而这种习惯自然会形成一种特定的职业仪态。

二是职业培训。坚持做一些有针对性的专项训练，改变自己的不良习惯，从而使自己成为训练有素、仪态万方的职业女性。

所谓训练有素，素就是标准，当我们按照一定的程序和要求去进行有针对性的训练时，仪态万方只是早晚的事。

需要注意的是，当我们在做这些仪态训练时，无论难度多大，时间多长，始终都要保持对自己身体的控制力，所谓张弛有度，系念于心。有些仪态在别人看来很放松，但我们在做的时候，身体内部却是必须加以控制的。

当我们的形体得到控制时，我们的仪态才能得到很好的表现。

记住这一点，对于仪态训练非常重要。

（示范图 12：秘书健身时的姿态规范）

示范图 12

当然，最好的方法是根据自身的条件，拟订一个有针对性的行之有效的训练计划，然后向健身教练咨询，或者向专业老师请教，在专家的指导下循序渐进、持之以恒地进行训练。

良好的习惯和良好的仪态，需要日积月累才能慢慢养成。在仪态修炼方面，我们付出多少，自然就会收获多少。在这当中，

任何投机取巧都不会达到理想的目标。

形体训练是基础，仪态训练是根本，形象规范是目的。要想成为一名职业秘书，无论举手投足，顾盼流连，谈笑风生，个人的仪态都必须非常到位，非常规范。

训练小结

形体训练是基础，仪态修炼是根本，形象规范是目的。

要想成为一名职业秘书，举手投足，顾盼流连，谈笑风生，仪态表现，都必须非常到位，非常规范。

训练科目 3　举止规范

训练目的

了解行为举止的职业要求，掌握举止规范的基本要点。

训练方式

专家演示、影像观摩、图书阅览、专项演练、分组练习、个人训练。

训练方法

观摩情景电视系列教学片《秘书规范》第一辑第 3 集。

教练分段讲解，现场示范，并对学生演练情况进行点评与指导。

学生或各自对镜练习，或两人一组互相演练，或当场摄录并或当场摄录并回放演练过程，纠正动作，反复演练，直至掌握规范要领，做到像模像样，有板有眼，动作娴熟，形成习惯。

训练时间

6 课时。

训练提示

举止是一个人内在思想的外在表现。

对秘书来讲，良好的或者优雅的举止也是长期修炼或熏陶产

生的结果。

众所周知，优雅得体的举止能够给人美好的印象，更可以增加人格魅力。

训练内容

秘书的举止规范有许多讲究，按照男左女右的传统规矩，女秘书站立时，双手应放在身体前面，右手在外，左手在内，以右手按住或握住左手，表现一种含蓄优雅的风度。

以手势为例，不同的手势代表着不同的含义：

双手自然下垂表示放松；

双手提到腹部表示内敛；

双手提到胸前表示自谦；

双手相握作揖表示恭喜；

双手合十表示祝福；

双手背在身后则表示傲慢。

由此可见，手势动作是否准确、是否到位，关系到传达意思的准确性，因此，我们首先必须加以高度重视，绝不能随意而为，或者点到为止，或者拖泥带水。

举止规范之一：手势准确

在引领或介绍的过程中，手势的打开、朝前、朝左、朝右，或者手势的收回，既表示不同的意思，也有相应的讲究。

虽然引领或介绍的手势同样都是四指并拢，拇指张开，手心侧向上方，但手势在空中的位置却有明显差异。

引领时的手势位置低于手肘水平线之下，手势也略微向下，这样做的意思，既是提醒对方注意脚下，也是在表示自己谦逊得体。

（示范图 13：女秘书引领时的手势规范）

示范图 13

而介绍时的手势位置则高于手肘水平线之上，手势也略微向上，这样做的意思，既是尊重与抬举被介绍者，也是在表示自己礼数周到。

（示范图 14：女秘书介绍时的手势规范）

示范图 14

但要注意的是，在以手示意的过程中，一个动作做完之后，

伸出去的手必须先收回来，然后才能再伸出去做下一个动作。两个动作之间既不能拖泥带水，也不能连在一起，否则既容易造成误解，也会让人觉得过于随便。

动作既要做得干脆利落，又要做得自然大方，而且带点女性的柔美，所以，动作和动作之间必须有适当的停顿，这种收放的节奏能够使动作变得更加规范、更加好看，意思表达也会更加准确。

在接待过程中，无论是打招呼、交谈，还是送行、道别，女秘书的每一个举止动作更需要表现得非常准确，因为它们直接关系到我们所在单位的公共形象，也关系到接待本身的质量以及随之产生的结果。

举止规范之二：礼数周到

其实，绝大多数的举止规范都与传统礼仪的规矩有关，比如与人相处时的行为、提取物品时的动作、携带物品时的方式、交换物品时的举止等。

（示范图 15：女秘书提取物品时的动作规范）

示范图 15

（示范图 16：女秘书携带物品时的动作规范）

示范图 16

当双方各自携带物品与对方交换时，通常先由一方主动向对方握手致意，然后向对方递交物品，双方进行交换后，通常再由对方主动握手致意。

（示范图 17：女秘书交换物品时的动作规范）

示范图 17

两次握手分别由双方先后主动示意，这也是一种礼尚往来的传统规矩。

在大型办公环境中，秘书的一举一动都会在领导和同事的关注中，而办公氛围的营造也需要秘书的努力。

和同事讨论工作，和同事交换意见，和同事交换文件，……不慌不忙、井然有序、举止得体的行为规范，是秘书要时刻遵守的职业规矩。

（示范图 18：女秘书和同事交谈时的举止规范）

示范图 18

至于和领导在一起，向领导汇报工作，则更要求秘书的行为举止要有分寸，任何随意的态度与动作，都会有损秘书的职业形象。

（示范图 19：女秘书向领导汇报时的举止规范）

示范图 19

举止规范之三：程序标准

初次相见时，礼貌与客套往往都是通过下列正常程序、标准语言、规范动作来逐一表现的。

甲笑脸相迎，伸手致意："见到你很高兴。"

乙回以笑脸，伸手相握："见到你也很高兴。"

（示范图 20：两位女秘书相见时的举止规范）

甲将自己的名片递给乙："这是我的名片，请多关照！"

乙阅读名片："安妮，×××公司的秘书。"然后乙也将自己名片回递给甲："这是我的卡片，请多关照！"

甲阅读名片："阿雅，××地产秘书。"然后甲再次向乙伸手致意："很高兴认识你。"

乙再次伸手相握："我也很高兴认识你。"

示范图 20

向对方递送名片时，名片应正面朝上，双手捏住两下角，以抛物线方式，郑重其事地递送给对方。

（示范图 21：女秘书递送名片时的动作规范）

示范图 21

双手小心翼翼、如获至宝般地接过对方名片后，应认真而又轻声地念一遍名片上的姓名、单位名称、职务名称，既表示尊重，也表示确认，同时还有助于加深记忆。

（示范图22：女秘书接过名片时的动作规范）

示范图22

举止规范之四：态度得体

对待持有不同态度的来访者，无论对方表现得谦卑或者傲慢、主动或者被动、有礼或者无礼、尊重或者冷淡，秘书始终都要以职业的接待标准和举止规范去应对。在任何时候任何状态下，只要我们始终彬彬有礼，礼数周到，就会让人印象美好而且深刻。

训练小结

许多看似简单的举止，其实都有着一些特定的职业性的讲究，这些由长期经验积累所形成的一些约定俗成的标准，恰恰就是秘书需要做到和必须恪守的职业表现。

一丝不苟、按部就班、不厌其烦地重复这些客套的话语和简单的动作，绝不是在敷衍了事，而是在履行职责。

明白这一点非常重要。

训练科目 4　见面规范

训练目的

了解见面规范的基本要求，掌握见面交谈的行为规范。

训练方式

影像观摩、专家演示、角色表演、专项演练、分组练习、个人训练。

训练方法

观摩情景电视系列教学片《秘书规范》第一辑第 4 集。

教练分段讲解，现场示范，并对学生演练情况进行点评与指导。

学生或各自对镜练习，或两人一组互相演练，或当场摄录并回放演练过程，纠正动作，反复演练，直至掌握规范要领，做到神态优雅，举止得体，谈吐自如。

训练时间

4 课时。

训练提示

人与人交往，见面是少不了的。见面以后该做哪些动作，该说哪些话，该有哪些表示，我们平时在生活中恐怕都不会重视，

但对于秘书来说，这些问题则涉及职业表现，绝对不可掉以轻心。

见面时的言谈举止确实很有讲究，尤其是与秘书职业有关的，更需要严谨与规范。

训练内容

见面时仅仅向对方点头示意是远远不够的，尤其是对那些必须以礼相待的人。

很显然，握手并且问候，才能表示足够的诚意与必要的礼貌。

见面规范之一：主动问候

见面握手时，要注视对方的眼睛，身体略微前倾，右手四指并拢，拇指张开，向对方伸出手。

（示范图 23：女秘书与他人见面时的动作规范）

示范图 23

见面问候时，态度要真挚，神情要关切，询问要得体。

通常人们在握手问候后往往还会习惯性地寒暄几句，这种礼貌上的简单互动交流，一般称为客套，可以表现得轻松随意一些。

见面规范之二：热情交谈

至于见面交谈，则比见面问候与寒暄显得更为郑重其事一些。尤其对秘书而言，见面交谈绝不是随便聊天或泛泛而谈那么简单，因为秘书所面对的不是领导就是客户，或者同事，不同的对象需要不同的态度与举止去应对，在分寸的把握上自然略有不同。

与领导见面交谈时，秘书的态度与举止比较矜持；

（示范图24：女秘书与领导见面时的举止规范）

示范图24

与客户见面交谈时，秘书的态度与举止比较亲切；

（示范图25：女秘书与客户见面时的举止规范）

与同事见面交谈时，秘书的态度与举止比较随和。

（示范图26：女秘书与同事见面时的举止规范）

示范图 25

示范图 26

见面交谈时，彼此之间的距离应保持在两米以内，超出两米容易分散注意力，也显得有些疏远，不够礼貌。

见面交谈时，我们必须用表情、动作或语言对对方的谈话及时做出恰当的反应，以便让对方感受到我们的态度。

见面规范之三：耐心倾听

要想做一个讨人喜欢和让人信任的秘书，我们必须懂得如何诱导对方的话题，如何激发对方谈话的兴趣，而全神贯注地倾听，偶尔的好奇，适时的提问，则能帮助我们提高交谈的技巧与水平，让对方既体会到倾诉的快乐，也对我们产生更多的好感。

人类都有倾诉的本能，当对方向我们滔滔不绝地讲述，而我们又能够认真倾听、表示关注，自然会让对方感动。

话不投机半句多。只要对方愿意开口，就证明对方愿意把我们视为知己与知音，此时我们能做的和要做的唯一的事情，就是耐心倾听，不要随意打断对方。

（示范图 27：女秘书倾听他人讲话时的举止规范）

示范图 27

见面规范之四：准确表达

至于我们向对方讲述时，则应该想好了再说，而且说话的语速要慢，尽量不要给对方以急迫感和逼迫感，好像我们说完就要走，甚至不愿意多聊一会儿。

除非我们有意这样做，以此来表明我们的态度，或者影响对方的情绪。

要想通过交谈说服对方或影响对方，我们必须专注于说话的表达方式，力求使对方的注意力全部被吸引到我们说话的内容上。

（示范图 28：女秘书与他人说话时的举止规范）

示范图 28

说话时要分段，每句话尽量短一些，这样听起来会比较有节奏感和说服力，也会给人一种有条有理的印象。

说话措辞要得当，赞美对方要适当，令人讨厌的话题尽量避免说。如果是敏感而又必须说的内容，我们也要以诚恳的态度和委婉的语言告诉对方。

如果交谈时因故需要中止，比如接听电话或接待客户，我们应该向对方说声“对不起，请稍候”，表示歉意并说明理由后，再去做我们应该做的事情。

只有得到对方的谅解，才不至于让对方扫兴甚至生气，才能让交谈的乐趣有可能继续下去。

见面规范之五：讲究礼貌

见面交谈时，“请”、“谢谢”、“对不起”这样的礼貌用语常挂在嘴边，无疑会营造一种令人愉悦的谈话氛围，而且也会让对方觉得我们礼数周到，礼貌有加。

见面交谈时，适当重复对方说过的话，既能够对一些敏感内容作出确认，同时也有助于加深我们的记忆，而且还可以表示我们的确是在认真听对方讲话。这种交谈技巧虽然十分简单，但却非常受用，值得我们重视与应用。

见面交谈时，如果没有十足的把握，事先不妨把想要讲的话写下来，然后按照拟定的内容逐字逐句地讲述。这样既能保证表达的准确性，又能使交谈的内容不至于脱离主题。

见面交谈时，要尽量避免用“好”或者“不好”之类的答话，因为过于简单的答话无疑是在表示我们没有谈话的兴趣，很容易让对方误会。

见面规范之六：善用技巧

见面交谈中，有些话题我们不好意思说但又不得不说时，可以用“为了慎重起见”或“不好意思”这样的句子来做开场白。

秘书经常会代表上司与客户讨论某些利益问题，我们不好意思说的话题，对方往往也不好意思提及，因为任何一方主动涉及，都有可能引起尴尬。其实双方心里都很明白，这类敏感话题常常和利益分配有关，不确定清楚也不行。因此，用一种非常客气但又让对方难以拒绝的话来探询对方的反应就显得比较妥当，比如“为了慎重起见，我想最后和您确认一下这件事，好吗?”

见面规范之七：因人而异

见面交谈时，对不同的对象应使用不同的语气。对领导要尊重，对同事要亲切，对长辈要尊敬，对晚辈要平易，对亲友要随和。

见面交谈时，无论得意还是失意，始终都不能失态，这也是秘书的职业要求。

见面规范之八：换位思考

见面交谈时，站在对方的立场思考这一原则非常重要，因为只有从对方的角度来看待交谈内容时，我们才有可能与对方很好地沟通，并且达成共识。

训练小结

做个听者永远比做个讲者困难，这不仅需要爱心，更需要耐心与欢喜心。

秘书的职业特点决定了秘书应该是一个乐于倾听而且善于倾听的人，因为只有完全听明白并且理解了对方的意思，秘书才能对此做出相应判断和恰当反应。

这不仅是在考验秘书自身的包容性，也是在提高秘书工作的准确性。

所以，从道理上来讲，秘书当然是多听为好，少说为妙。

训练科目5　写作规范

训练目的

了解写作规范的基本要求，掌握写作过程的行为规范。

训练方式

项目教学、专家演示、资料展示、专项演练、模拟操作、个人训练。

训练方法

观摩情景电视系列教学片《秘书规范》第一辑第5集。

教练分段讲解，现场示范，根据不同工作环境、不同写作状态、不同文书要求，现场训练学生写作，然后对学生演练情况进行点评与指导。

训练时间

4课时。

训练提示

俗话说：字如其人，文如其人。可见写作与秘书的职业形象确实息息相关。

自从有了电脑和互联网之后，秘书的写作确实有了一个质的飞跃。但从日常工作来讲，写作仍然是秘书工作中最重要也是最基本的事情，如果秘书写出来的东西不能让上司满意，毫无疑问，其职业形象必然会大打折扣。

当然，秘书写作时的姿势如果不够端正，其职业形象同样也会令人质疑。

秘书的写作规范包括：写作的姿势、写作的字体、写作的内容、文件制作的要求。

训练内容

对秘书而言，写得一手漂亮的好字，写得一手漂亮的文章，应是轻而易举之事，因为这本来就是秘书的职业基本功之一。

即使从专业水准来讲，秘书未必能把文字处理做到炉火纯青，但至少也要能驾轻就熟。因为从“秘书”这个词的字面意思来解释，秘书的职业性质和本职工作就是为上司代书。

在我国台湾，代书是一种专门的法定职业，它的主要工作就是为交易双方起草法律文件并给予公证。而秘书的代书与此非常相似，同样都是为他人起草其所需要的文字资料作为办事依据，只是服务对象不是交易双方，而是领导；代书的结果不需要公证，而是让领导定夺。

无论是独立起草文件，或是记录领导指示，前者的复杂与后者的简单，都需要很强的专业性和实用性。

说它专业，是因为其涉及的内容既和单位运作有关，又和具体事项有关。

说它实用，是因为其表现形式完全根据内容需要给予相应的格式表达，其操作程序和操作标准都非常明确，实效性也非常强。

从比较简单的起草，到比较复杂的撰稿，秘书的文字工作主要围绕企事业单位的日常运作来进行。对过去做分析，对现状做记录，对将来做预测。

秘书借助文字，协助领导指导或者规范整个单位的正常运作，确保单位的效率和效益。

从本质上讲，写作能力是衡量秘书是否称职乃至是否出色的重要标准，而写作规范则是权衡秘书是否合适的基本指标。

写作规范之一：姿势正确

写作的姿势不仅反映一个人受教育的程度，也反映一个人对文化的态度，更反映一个人对自身形象在意的程度。

标准的写作姿势是上身挺拔，头部略侧，双肩打开，双肘平放，正襟危坐，头部与桌面保持 50 厘米的距离，一手压纸，一手执笔，信手写来，不疾不徐。自始至终没有趴伏，没有斜靠，没有垂手，没有塌肩。

总之，无论写作条件优良或者恶劣，写作的姿势都不能有任何失态之处。

标准的握笔姿势有三个特点：一是手心空握；二是三指形成相倚之势；三是无名指与小指抵住桌面，整个手形外观犹如老鼠。如果太用力，指节突出，就容易用力过度，这样手势既不美观，写出来的字也未必会好看。

在办公环境中，由于秘书身份的敏感性，秘书的行为举止很容易受到领导或同事们的关注。所以，我们必须很好地保持自己的写字姿势，必须非常到位，成为其他同事欣赏与学习的样板。

所谓到位，首先是端正坐姿，然后是保持状态，最后是全神贯注。

一个人最能打动别人的地方，往往就是最认真最投入时候的姿态，只要我们能够保持这种姿势，良好的状态自然就会表现出来。

其实，标准的写作姿势是在传递一种信息，当我们满足于自己的工作状态和专业表现，当我们相信自己写出来的东西会打动人，甚至有可能成为所在单位对外正式公布的文件，或者成为单位内部的运作标准时，我们就会比其他任何时候都更具有表现力和影响力。

（示范图 29：女秘书伏案写作时的姿势规范）

示范图 29

标准的写作姿势也是在创造一种心情，当我们享受这种工作状态时，身心的放松会使我们的思路异常活跃，想法也会格外丰富，下笔如有神，妙笔生花，流畅自然。即使面对电脑进行文字处理工作，也会产生同样的愉悦感。

标准的写作姿势更是在营造一种氛围，当我们全神贯注于写作时，那种优雅的姿态与认真的神情，会像空气一样在办公室内悄悄弥漫开来，感染与影响周围的上司和同事，使他们在欣赏之余，也会检点自己的行为举止，分享这份共事的美好。

写作规范之二：字体好看

写字当然要写得好看一些，否则就会影响别人对我们的看法。尤其是女秘书，人品出众的同时，如果还能写出一手漂亮的字，绝对会让人刮目相看。

写作规范之三：内容实用

无论写什么东西，都是为了让人看明白，从中获取有用的信息。因此，内容是否有实用价值，是写作时必须着重考虑的问题。凡与秘书工作有关的写作，都必须言之有物，阅之可用，否则就会与秘书的本职相悖。

文件的种类及写作格式可以借鉴现成的文书范本，或从网上下载后稍作修改，这样做不仅省时省力，而且样式及用语上也比较规范。

但这样做的前提是我们在没有任何参考的条件下也能够完全独立地起草所有的文书与文件，否则，如果人云亦云，很可能会闹出张冠李戴的笑话。

写作规范之四：制作规范

文件的制作包括起草、修改、打印、复印、装订等环节。

起草及修改文件时，目的必须明确，切中主题；内容必须完整，层次清楚；用词必须专业，格式规范。

打印及复印文件时，必须按照单位行文的既定格式或公文的标准格式，必须使用标准字体或领导喜欢与习惯的字体，纸张页面必须干净平整，无任何污渍或皱痕。

装订文件时，必须使用合适的装订工具及配套用品，以免杂乱无章。

装订处与文件内容必须留足空间，以免影响翻阅。

页码上，必须注明共几页、第几页，以免缺页，而且装订的页码绝对不能混乱，以免出错。

装订前必须仔细检查，确认无误后再打孔，以免报废。

装订处必须统一设置在文件的左侧边沿，并规定统一的尺寸，这样做既便于翻阅，外观上也比较规范。

内部文件的装订封面，采用一般复印纸直接打印文件名或文件正文第一页的方式。对外文件的装订封面，采用彩色厚卡纸直接打印文件名的方式。外皮则统一使用透明塑胶片，上下各一张做保护，这样做既能一目了然便于区别，又能保障文件的使用寿命。

总之，文件的制作要布局合理，版面精致，字体好看，大小适宜，风格统一，以显示秘书所在单位的整体形象及办公规范。

训练小结

千万别小看写作规范，因为在写作过程中，秘书不是写给自己看，而是写给别人看，这就是问题的关键所在。所谓字如其人，文如其人，写字的姿势要好看，写的字也要好看，写出来的内容更要好看。

所以，秘书比其他任何人都更要重视写作的态度，强调写作的姿态。

第二单元　事务规范

对接待、引见、预约、电话、函电这些日常事务的处理，反映了一种专业标准，秘书的娴熟应对和恰当处置，正是这种标准化和效率化的操作规范。

秘书必须学会用符合礼仪并且行之有效的方式，对日常事务合理运筹，按照轻重缓急的分列方法，提高办事的准确性和效率。

训练科目 6　接待规范

训练目的

了解接待规范的基本要求，掌握接待过程的行为规范。

训练方式

影像观摩、专家演示、角色表演、模拟操作、情景实训、分组练习。

训练方法

观摩情景电视系列教学片《秘书规范》第二辑第 6 集。

教练分段讲解，现场示范，安排学生扮演不同角色，设计不同情况，演练接待过程，体验与领会接待规范的流程与标准要求，直至掌握规范要领，做到像模像样，有板有眼，动作娴熟，教练则在旁指导与点评。

训练时间

6 课时。

训练提示

接待规范代表着一个秘书的职业素养和专业水准，秘书在接待过程中的言行举止都反映着其所在单位的文化品质，也反映着秘书对接待工作的认真态度、对接待事务的把握能力。

对任何一位客人来访，在接待程序上都不能有丝毫马虎，因为任何细节上的随心所欲，都有可能对客户产生不良影响。

对于整个接待流程以及标准，秘书必须形成一种职业规范，同时保证它的稳定性和标准性。

训练内容

日常接待是秘书最基本也是最平常的工作，接待工作是企事业单位与外界沟通的重要环节，它既有事务性的特点，又代表一个单位的形象。

事先做好充分准备，可以帮助秘书在客人来访时不至于手忙脚乱。这些准备工作包括：

1. 建立来访者名片索引系统。

2. 准备一份当日来访预约表。

3. 了解单位内部可以接待来访者人员的姓名、部门、职务和分机号码。当客户来访未指明所访何人时，秘书应该清楚判定由哪个部门及哪位同事出面接待，并且先用内部电话与该同事联络获得确认后再做安排。

4. 有意拉开前台与会客区的距离，以免彼此影响或泄露信息。

5. 备妥笔和便条纸，如果来访者所要拜访的人不在，可请来访者留言，以便转交。

必须指出的是，小型企事业单位的秘书往往兼有办公室文员和行政秘书的职责，而大中型企事业单位由于人员规模以及办公场地的原因，其内部分工非常明确，前台由接待文员坐镇，秘书坐在领导办公室外面，负责处理与领导有关的事务，同时在领导能够招呼的范围内，给予领导直接的工作帮助和生活照顾。

文员的接待作用是为来访者排忧解难，同时不让来访者影响到单位的正常工作。

秘书的接待作用是筛选来访者的信息，分清权限，分别处理，在尽可能满足来访者的要求时，尽量减少各类来访对领导的干扰。

接待规范之一：礼貌应对

来访者登门拜访，秘书应起身相迎，这既是礼貌的应对，也是策略性的挡驾。接待时，秘书的态度应该亲切温和，面带职业性微笑，同时热情招呼对方。

（示范图 30：女秘书接待来访者时的举止规范）

示范图 30

如果客人来访时，秘书正在接打电话，那么正确的做法就是向电话那头的人说声“对不起，请稍候”，然后放下电话，笑脸相迎来访者，请来访者稍候，再拿起电话继续交谈。

无论是否有来访者需要接待和安排，秘书在接打电话时都应简明扼要，因为通话会分散注意力，使任何一个细小的疏忽都可能变成大麻烦。秘书必须保持随时待命以及迅速处理的状态。

接待规范之二：主动招呼

如果来访者是陌生人，秘书应该先打招呼，然后根据实际情况来确定是否介绍自己的身份。

一般来讲，接待那些指名要求拜访领导的客人，秘书有必要先向对方做自我介绍，让对方知道其真实身份，从而在其引导或协助下达到拜访的目的。

当然，更重要的是在程序上履行秘书的职责，为领导把关，不要让那些无关紧要的来访者毫无阻碍并且轻而易举地见到我们的领导，因为这不仅会让来访者无所顾忌，更会让来访者轻视我们的领导以及我们所在的单位。

如果只是一般的业务来访，秘书可直接将其引见给有关的被访者，此时做自我介绍就会显得多余。

接待规范之三：确认身份

如果来访者初次登门，人生地不熟，可能会担心受到冷遇。秘书在接待时应该用职业的态度去招呼对方，然后要求对方提供能够证明其身份的东西，这个验证的程序必不可少。

对来访者提供的名片，秘书要双手接过，仔细地轻声念出名片上的姓名、单位名称、现任职务。这样做有三个好处：一是加深印象；二是给予确认；三是让对方感觉我们很重视他。

秘书在问明来访者的来意后，应请对方稍候，然后回到办公桌前，用内部电话和相关人士联系。

请注意，这种联系不宜当着来访者的面进行，以免因没有合适的拒见借口或回旋余地而陷入尴尬。

接待来访者要注意把握分寸，如果反应过快，在态度上过于热情；或者反应太慢，在态度上不冷不热，都会使来访者产生误会。所以，始终保持不卑不亢、彬彬有礼、自然得体的接待风格

是十分必要的。

接待规范之四：一视同仁

无论是陌生人还是熟客，秘书在接待时，说话的声音都要保持相同的语调和节奏。声音要徐缓平和，咬音吐字要清楚。始终一致的说话语调，可以有效避免来访者因亲疏而产生的错觉及误解，同时也能让所有的来访者感受到秘书的职业素质。

秘书有很多非同寻常的能力，而超常的记忆力就是其中之一。只要见过一面，打过招呼，就会过目不忘，无论什么场合、什么时候再次见面，都能立刻准确无误地认出对方。这种熟记生人的非常本领，对秘书来讲确实是一种职业考验，但如果我们具备了这种能力，就能让仅有一面之缘的来访者感到惊喜。

接待规范之五：程序操作

请来宾在会客区就座，然后与相关的被访者联络，在征得被访者同意之后，再为来访者安排。

如果被访者不在，或被访者暂时无法接待来访者，秘书要礼貌而又明确地告诉来访者，并且建议对方另约时间或者留言，然后设法转告有关人员。

如果来访者是熟人，秘书招呼时则应多一分熟悉的亲切感，同时要十分礼貌地问明来意，而不能因为对方是熟人而任其自由进出办公区域。只要我们坚持原则，制订规矩，来访者自然也会遵守。

关键在于，我们必须保持始终如一的接待态度和接待程序，先请熟人在会客室稍候，送上一杯茶，然后回到自己的办公桌前，用内线电话与被访者联络，征得其同意之后，再亲自引领或指点熟人去见被访者。

没有被访者的同意，秘书是绝不能擅自引见的。

（示范图 31：女秘书请来访者等候时的举止规范）

示范图 31

无论是陌生人还是熟人来访，都必须进行登记，以防万一。除非领导或单位制度对此明确无需如此，否则秘书千万不要自作主张。

接待规范之六：依循惯例

即使来访者事先已有预约，秘书也要先请其在会客室稍候，与被访者联系确认后，才可以引领来访者到被访者处。

如果来访者事先没有预约，按照惯例，秘书应先和蔼地询问对方，在没有判明对方来意之前，秘书不能直接告诉对方被访者在或者不在。

所以，职业性的做法是微笑不语，先听来访者说清来意，然后再做安排。

接待规范之七：顺序安排

如果同时有多位来访者到访，那么自然应该按照先后顺序给

予安排，但如果其中有特殊来客，秘书则应该立即给予安排。

重要的是，如何根据来访者的身份地位及重要性作出判断，有名片自然容易，但如果没有名片，就有赖于秘书自己对人的了解和直觉。

当然，最直接最有效的办法就是询问。

任何按部就班或者错误的判断，都有可能造成重要客人的不满，而在过分重视重要客人的同时怠慢了其他客人，也容易引发众怒。

因此，正确的接待原则是：来的都是客，礼多人不怪。先以顺序区分，再以重要性和急迫性区分。

对只能延后安排的先到者，则给予适当的解释，以获得对方的谅解。

对其他的等候者，请他们稍候，并奉上茶水。为避免他们不耐烦，可以给他们阅览报纸、杂志，或者引领他们到窗前观赏窗外的景色，帮助他们消磨时间。

如果有必要，我们也可以放下手头的工作，和他们聊一些共同关心的话题，甚至做一些介绍，以此来缓解他们的情绪。

如果同时有多批客人来访，在安排客人等候的时间里，我们也应尽量避免让他们之间发生横向联系。

有时候出现上述这种场面未必是好事，多长个心眼在任何时候都是有必要的。

接待规范之八：慎对媒体

如果来访者是记者，秘书在完成身份确认后，应该采取合作和主动的态度去接待对方，并表现出乐意帮忙的意愿，但要注意斟酌回答的内容，不要轻易表示自己对某些事的态度。

和记者打交道时，秘书必须牢记，微笑的使用外交辞令和规范用语，是自我保护的有效方法。如果我们能够影响和利用对方，针对对方的职业好奇和借题发挥的心理，巧妙应对，我们就能最大限度地减少对方可能给我们造成的影响乃至伤害，甚至让对方成为我们的好朋友。

当然，对记者敬而远之或者诚惶诚恐也是完全没有必要的，因为这些不正确的态度根本于事无补。

秘书是保护领导和所在单位的正常工作不受外界干扰与影响的职业屏障，也是直接处理棘手问题的高手。秘书必须格外小心地处理和记者的关系，十分准确地辨别对方的真实身份，判断对方的真实意图，并且据此做出相应的对策。如果秘书这道防线形同虚设，那么难堪的将是我们的领导，被动的将是我们所在的单位。

接待规范之九：善于应变

如果来访者既无事先约定，现在又赖着不走，秘书应该沉着冷静地应对，在保持礼貌的同时，明确而且坚定地告诉对方他必须离开的理由，打消对方任何侥幸的念头，帮助对方下定离去的决心。

除非我们策略性地认可对方的滞留或等候以达到某种目的，比如有意制造旺盛人气。

滞留不走的情况大多缘于以下六种原因：

1. 原本已经计划好的，突然发生了变化，一时无所适从。
2. 暂时无处可去。
3. 铁了心等候，以求了结心愿。
4. 说不出任何理由，就是想再坐一会儿。
5. 别有用心。
6. 混混或者无赖，借故找碴。

对于上述情况，我们必须分清不同原因，进行相应处理，原则是不露声色，息事宁人。

如果真的出现无理取闹的现象，不到万不得已，不要惊动领导或者保安甚至警方。任何问题的处理都有赖于做秘书的经验和

随机应变，当一件事在秘书面前闹到失控的状态，只能证明秘书无能。

训练小结

之所以不厌其烦地一遍又一遍演示秘书在接待过程中的标准程序和具体做法，无非是想强调一点，秘书在接待过程中的每一个细节都要做得非常到位，才能表现出秘书应有的专业水准和职业素养。

在这一点上，绝对不能含糊或者随便。

凡是和职业形象有关的实务性工作，我们都要如此精益求精。

训练科目 7 引见规范

训练目的

了解引见规范的基本要求，掌握引见过程的行为规范。

训练方式

影像观摩、专家演示、角色表演、专项演练、分组练习。

训练方法

观摩情景电视系列教学片《秘书规范》第二辑第 7 集。

教练分段讲解，现场示范，并对学生演练情况进行点评与指导。

学生两人一组互相演练，纠正动作，直至掌握规范要领，做得像模像样，有板有眼，动作娴熟，形成习惯。

训练时间

4 课时。

训练提示

在接待过程中，引见是一个非常细小的行为过程，但它又非常明显地反映出秘书在礼仪方面应有的修养，以及职业表现方面应有的标准。因为引见过程中的任何一个动作有所含混或者弄错，都很容易让被引见者感觉不爽。

如果对方很在意我们的表现，这一点就更为明显，所以完全有必要把引见过程分解成一个个标准的动作，然后练习成“范”。

训练内容

引见时，秘书应该注意自己所站的位置，自己所做的手势，自己所表现的状态，因为这三点分别关系到礼节、行为、心态。

从心理学角度分析，意识决定态度，态度影响行为，行为产生结果。

我们只有以专业精神去从事本职工作，才能体现出恰当的职业本能。

因此，我们必须始终坚持以专业表现来约束与要求自己，时刻检点自己的一举一动，从内心到外在都要全情投入，丝毫不能有走神的瞬间和举止的失态。

比如迎候客人时，应将双手交叠放在腹前，表现出一种含蓄内敛的神态。

（示范图 32：女秘书站立迎候时的举止规范）

示范图 32

引见规范之一：站位恰当

按照“左为下，右为上”的礼仪原则，秘书应该礼貌地站在被引见者的左前侧半步距离进行引领和介绍，并以左手做出相应的手势。

引领时可站在被引领者右前侧半步距离，只要被引领者不介意，这样对引领者比较顺手一些。

究竟在左侧还是右侧，首先视被引领者是否方便，其次根据礼仪原则，最后看自己是否顺手。

引见规范之二：手势标准

引领时，标准的示意手势是：左手四指并拢，拇指打开，手掌直立，向前伸直，以此示意。

（示范图 33：女秘书引领时的举止规范）

示范图 33

介绍时，左手四指并拢，拇指打开，肘靠肋部，向被介绍者摊开手掌，以此示意。

（示范图34：女秘书介绍时的举止规范）

示范图34

一般情况下，如果不便站在被引领者或介绍者的左侧，秘书也可以站在其右侧位置进行引领或介绍，此时自然要用右手做出相应的手势。

引领时，行左侧伸左手；行右侧用右手。这既是为了顺手，也是避免影响被引见者的行动。

介绍时，站在被介绍的两者之间或一侧，用左手或右手都可示意，但手势应清楚，不能同时用两手示意，只能随着介绍的先后顺序做出相应的手势，收回手后再做下一个相应的手势，每个动作之间应有明显区别，每个动作应有力度，整套动作应有节奏，这样就会非常好看。

以手势示意时，目光要跟随手势，这样会显得比较认真。

引领时，为了表示热情或者客气，可以向被引领者外侧略微侧身。

介绍时，为了表示热情或者客气，可以向被介绍者一侧略微欠身。

向被介绍者伸手示意时，应顺势摊开手掌，这样的手势比较优美。这个打开的过程一定要顺势而为，自然流畅。

另外，每个动作的手势一定要清楚，必须是介绍一个，用手示意一下，两者之间的手势不能一次性带过，必须有伸有收，节奏鲜明，这样才能显得干净利落，清清楚楚。

（示范图 35：女秘书为双方作介绍时的举止规范）

示范图 35

引见规范之三：招待周到

引见时，秘书作为领导的助手，一般都要做好相应的招待甚至陪同工作，包括奉茶敬茶，陪伴领导，或做记录。

从引见的整个过程来看，引领、介绍、陪同、记录，其实每一个环节都要求秘书做到精确无误，恰到好处。

领导的办公室内一般都会设有一个会客区域，客人在领导办公室内就座后，秘书必须按客人的人数上茶。

上茶可以由秘书来做，也可以由专门的接待小姐来做。当然，前者的接待规格会显得比较高一些。

为客人上完茶之后，秘书千万别忘了给领导上茶。哪怕领导已有，秘书照例也要问一下，以示尊敬和礼貌。

一般情况下，领导接待自己的亲朋好友时无需秘书作陪，秘书只要安排妥当，征求过领导的意见，在确认暂时没有其他需要

后，就应知趣地告退。

如果是商业性会见或者谈判，领导一般会要求秘书在旁作陪。此时秘书必须暂停手头正在处理的事情，集中精力陪伴在领导和客人身边，做好相应的接待、记录、安排等事务性工作。

对引见过程进行全程监督和控制是秘书所应具备的基本功之一。我们强调监督和控制，就是说，必须让客人在整个来访过程中得到无微不至的照顾，同时让领导在接待客人的过程中能够更游刃有余地处理相应事务。

引见规范之四：主动介绍

除了引领和介绍来访者给领导或同事之外，秘书有时候也要引领和介绍来访者参观，比如引领与介绍客人参观单位陈列室。

相对于单纯的引领与介绍时所讲究的节奏准确到位，这种全过程的参观则显得放松一些，引领时的姿态，示意时的手势，介绍时的表情，都要表现得更为主动热情一些。

（示范图36：女秘书引领客人参观时的举止规范）

示范图36

值得注意的是，在引见及介绍过程中，如果秘书每一个位置都站得正确，每一个动作都做得非常准确，并在每个细节的过渡中做适当的停顿。比如直行时不疾不缓，拐弯时有意停顿，会非常生动地表现出一种抑扬顿挫的节奏感和美感，能够有效增加我们在引领或介绍时的职业魅力。

训练小结

有人可能会纳闷，为什么引见这么一个小动作，居然也要如此耐心的演示？

这是因为秘书所有的职业表现都是由细节组成的，我们只有把每个细节都练得炉火纯青，做得非常到位，我们的整体表现才能达到应有的专业水准。

训练科目 8 预约规范

训练目的

了解预约规范的基本要求，掌握预约过程的行为规范。

训练方式

专家演示、专项演练、模拟操作、分组练习。

训练方法

观摩情景电视系列教学片《秘书规范》第二辑第 8 集。

教练分段讲解，现场示范，设置不同的预约内容与状况，训练学生的规范操作与应变措施，包括设计与填写 3 份表格。

尤其是在程序及标准上，每个环节与每个细节都要求学生反复演练，直至掌握规范要领，做到熟练快捷，准确无误。

训练时间

4 课时。

训练提示

和接待一样，预约也是秘书的日常事务处理工作之一。

预约涉及本方和对方之间的联络，凡是和上司有关的预约工作，每个细节都要做得非常精确，因为预约一旦发生错误，结果肯定会让相关人士难堪。

训练内容

顾名思义，预约，就是对某件事务进行预先约定。

作为领导的助手，为领导处理好预约并安排好相应日程，是秘书的例行公事之一，也是职责所在。

预约规范之一：随时记录

随时将各种预约事项登记在“原始记录表”上。

“原始记录表”以一月为限，其格式内容包括日期、星期、时间、地点、预约单位、预约者姓名、预约者电话号码、预约事项、预约要求、记录时间、备注。

预约规范之二：限时整理

每天下午3时之前，根据“原始记录表”上的记录，将次日所有的预约事项按时间顺序排列，结合次日其他与领导有关约活动事项，整理成一份日程安排的流水账，也就是“日程计划表”，然后分别与相关人士联系，对相关内容尤其是预约事项进行确认，再将经确认并作相应调整后的“日程计划表”交给领导审阅与确认。

“日程计划表”以一日为限，其格式内容包括日期、星期、时间、地点、活动事项、预约事项、预约单位、预约者姓名、预约要求、确认情况、备注。

预约规范之三：限时确认

每天下午5时之前，根据领导确认后的“日程计划表”，编制次日的“日程安排表”，然后交给领导以作提示，并为领导的约会提前做好场地、人员、设备、资料、服务等方面的配套工作。

“日程计划表”以一日为限，其格式内容包括日期、星期、时

间、地点、活动事项、活动要求、预约事项、预约要求、备注。

“日程安排表”编制完成后，应将其打印出来交给领导，或通过网络传递给领导，请领导过目并予以确认。

这个程序既能让领导心中有数，加深印象，早做准备，也能让领导对个别具有不确定因素的预约重新斟酌，以便我们对此再做出相应的取舍或调整。

“原始记录表”、“日程计划表”、“日程安排表”作用各异，但都是预约程序中不可缺少的环节。“原始记录表”用来登记，“日程计划表”用来确认，“日程安排表”用来落实。

上述三件事均可利用电子记事本和掌上电脑来完成，因为这类智能型的信息处理系统具有记录存储、分类整理、定时提醒等自动服务功能，可以大大提高秘书工作的准确性和效率。

我们可以利用电子记事本或掌上电脑，将最终确定的“日程安排表”存储在备忘录内，并在电子记事本或掌上电脑里设定提醒程序，提前一天或半天，电脑自动提示，下一个约会是几点，在哪里，何人参加，需要什么资料。

我们届时只需浏览一下屏幕显示，便可根据事先安排做出正确反应。

也可以利用无纸化办公的OA系统，来整体提高我们与领导之间工作效率与配合的准确性。

对秘书来讲，有了电子记事本或掌上电脑或OA系统，并不意味着就可以高枕无忧，因为机器故障很可能带来极大的困扰和麻烦，原始记录、顺序安排、确认日程这三项，如果没有同步备份，很容易造成信息遗失。

尤其是临时增加或取消的约会，如果不能及时做出相应调整，确保“日程安排表”的准确无误，就会造成不必要的麻烦。

所以，我们应该将预约记录、确认安排、相关提示做成一份纸质的备忘录，放在自己案头，以便随时提示或作调整修改。这样一份备忘录对于今后厘清有关开支的来龙去脉、衡量领导以及我们自己的工作都是很有帮助的，必须存档备案，以便核对。

现代化的办公设备能够有效保障秘书工作的准确性和高效率，但秘书不能完全依赖电脑或互联网来做预约与安排。事实上，很多秘书都在同时运用传统纸质记录和现代无线存储兼容的记忆系统，这种混合方式非常实用也非常有效，关键在于两种做法的转换必须依据准确、方便、高效的原则，并力求熟练。

预约规范之四：预留时间

领导出差回来当天，不宜为其安排活动，因为某些无法预料和控制的意外原因，可能影响他的行程。

预约规范之五：事先征询

为领导安排预约，事先应征求领导意见，并且在安排上保留宽裕的时间，两场预约之间应保留适当的空余时间。

预约规范之六：避开不便

周一上午和周五下午不宜安排预约，因为领导在这个时候往往要处理一些积压下来或亟待处理的事务。

临近下班时要避免安排预约，以便领导能顺利完成当天的工作。

节假日期间尽量不要安排预约，除非领导有如此要求。

涉及秘书参加的预约活动，在安排上要保证我们自己有足够的时间来处理办公室内的日常事务。

预约规范之七：事先通知

安排预约时必须向对方说明，此项安排已获得我们领导的同意，这样做有利于促使对方重视此次预约。

除非领导明确交代约会时间，否则我们应该征求双方的意

见，以示尊重。

预约规范之八：及时联络

如果预约的事情因故推迟，秘书应及时和有关各方联络，并确定新的预约时间，同时把调整后的结果登记在“原始记录表”上。

记下预约对方的电话号码，以便万一取消预约或改变时间，可提前电话通知。

预约规范之九：预作准备

预约内容一旦确认，就应列入“日程安排表”，并准备好相应资料，提前和领导做好沟通。必要时还可以做一些提示性卡片，以此来帮助领导。

再次预约应再次确认，一直到履约为止。

领导每天的日程安排，我们做秘书的理应了如指掌，除非领导喜欢我行我素，否则，我们必须为领导安排好所有的工作时间，因为绝大多数领导都有这样的习惯，当别人有意与其打交道时，领导总会这样告诉对方：

“有事请和我秘书联系。”

领导对秘书的依赖，由此可见一斑。

训练小结

一旦预约，如无意外，理应履约，否则就会违约，不仅失礼，而且失信。

所以，秘书有责任将预约视为一项重要的工作，在妥善安排领导日程的同时，在预约的记录、通知、确认、调整、安排上尽可能做到礼数周到。

当然，最重要的是随时掌握领导的动态，并且深谙领导的习惯，以便所有的预约安排都能够恰到好处，滴水不漏。

训练科目 9　电话规范

训练目的

了解电话规范的基本要求，掌握接打电话的行为规范。

训练方式

影像观摩、专家演示、角色表演、情景实训、个人训练。

训练方法

观摩情景电视系列教学片《秘书规范》第二辑第 9 集。

教练分段讲解，现场示范，并对学生演练情况分别进行点评与指导。

学生两人一组互相演练，互相纠正动作，并且练习用标准的声音、语调、节奏说话，尽力模仿播音员的标准程度，直至掌握规范要领，从行为规范以及处理程序上达到无可挑剔的程度。

训练时间

4 课时。

训练提示

个别秘书在接听或拨打电话的过程中，往往会表现得比较随意，因而使对方产生误解。

作为外界了解内情的窗口，秘书在接听或拨打电话时的动

作，尤其是言语，必须非常的标准化和职业化，因为这事关单位形象和秘书形象，绝不可等闲视之。

训练内容

电话规范之一：标准用语

接听电话时，我们应以标准用语回应：

“您好，这里是廖金泽秘书学院，请讲。”

（示范图 37：女秘书接听电话时的标准规范）

示范图 37

从秘书的职业规范来讲，与人交往及沟通时是不能用“喂”这个词来打招呼的，因为这个词本身缺乏善意和礼貌。

如果我们重复三遍“您好，请讲”之后，电话那端仍然没有反应，此时最明智的方式，不是连续用“喂”来催问对方，而是轻轻挂断电话。

对方没有反应，我们还在“喂！喂！喂！”地叫个不停，不仅会显得没有修养，而且对方一旦听见，肯定也会反感。

所以，我们必须用平和的心态来接听电话，在声音、语调、用词上，始终保持一种标准的职业状态，不仅听明白对方的意思，更让对方感受到我们的职业素质。

标准的电话用语包括：

“对不起，打扰您了！”

“谢谢您在百忙中接听我的电话。”

“能和您通话，我很高兴。谢谢，再见！”

当然，挂断之前，千万不要顺口说一句不雅的口头禅或者牢骚话，因为这样做不仅失礼，而且和秘书的职业身份也极不相符。

凡是有辱颜面、有损形象的言行举止，我们绝对不要去做。

电话规范之二：准确记录

接听一般电话无需记录，只要听清对方意思，给予恰当回应与及时处理即可。

接听重要电话必须做好记录，必要时还应重复对方所讲的话，以此核对相关内容，并在确认之后告诉对方即刻处理。

接听长途电话，首先要记录对方姓名及电话号码，然后再记录电话内容，以便电话线路万一中断，可以及时恢复联络。

在电话机旁放置一本电话记录本，接听或拨打电话时，分别记下重要的来电或致电，这是必要的工作程序。

对于重要的通话内容，必须做或简要或详细的记录，因为记录本身既有备案待查的作用，也有直接使用的作用。

电话记录本内分为来电与致电两个部分。

来电部分的标准格式包括：来电者姓名、单位、电话号码，来电时间、来电内容、处理情况、备注。

致电部分的标准格式包括：致电者姓名、对方单位、电话号码，致电时间、致电内容、接听者姓名、备注。

（示范图 38：女秘书做电话记录时的标准规范）

示范图 38

上述两部分也可分成两本，或直接在电脑上分列，随时输入，以便查询。

当然，并不是所有的来电都需要记录，只有具备利用价值和保存价值的重要来电才有记录的必要。至于如何判定其重要与否，我们可以凭借自己的职业经验和直觉，也可以依据下列标准来进行考量：

1．需要跟进。

2．需要交办。

3．需要提醒。

4．需要备案。

5．没有任何原因，只是感觉有此必要。

凡是符合上述标准的来电，我们都应该养成边听边记或者挂断电话后随手记录的习惯。

电话规范之三：礼貌应对

接听电话时，我们既要弄清楚对方的身份和意图，又不能使对方产生反感，最好以职业性及策略性的方法和对方沟通。

对于来电者，我们没有任何理由去审问对方，只有义务去帮助对方。

既然对方主动来电，肯定是有事相商。因此，我们没有必要在对方身份的核实尤其是来电的目的上纠缠不休，有时候过分的认真与执著反而容易让人反感。

事实证明，如果采取善解人意的态度与方法，往往更容易使对方心甘情愿地说出其真正意图。

对不同性质的来电应做相应妥善的处理，对一般电话给予标准回答，对重要电话给予应有重视，对打错电话给予宽容谅解，对私人电话给予简要回答，对骚扰电话给予理智处理，对员工急电给予紧急处置，对无礼电话给予礼貌应对。

总之，在任何时候任何情况下，我们都要始终如一地保持自己的声音和语调非常的职业化，并且不露声色地巧妙处理各类棘手问题，让对方在电话中无法找到破绽或瑕疵。

只有这样，我们才能凭借自己在电话里的声音，让对方对我们的职业表现刮目相看。

电话规范之四：核实身份

拨打电话时，首先要确认对方是否是我们所要联络的单位以及所要找的人，确认之后才可以向对方作自我介绍，然后告诉对方我们所要说的内容。

如果打错电话，必须表示歉意，说声“对不起”或“不好意思”，然后挂断电话，重新拨号。

（示范图 39：女秘书拨打电话时的标准规范）

电话规范之五：保持耐心

在秘书的例行公事中，拨打电话是一项看似平常却非常重要的事情，对此保持足够的耐心是非常必要的。

示范图 39

足够的耐心表现在：拨打电话时的语调要平和，态度要温和，只有达到了这一要求，我们才能表现出秘书所应具备的职业素养。

当然，有时候适当加上一点人情味，比如语调上的热情也是必要的，尤其是对那些我们比较熟悉的朋友及客户。

电话规范之六：避免误解

需要特别提醒的是，在打电话的过程中，无论发生什么情况，我们都不能用手捂住话筒，借此来避免对方听到我们这里的动静。因为这样做的效果会适得其反，对方一旦意识到我们捂住话筒，不让他听到我们这里的动静，肯定会胡思乱想、猜忌甚至怀疑我们在故意隐瞒什么，反而会对我们产生不信任。

如果打电话时有所顾忌或有所不便，我们可以将话筒拿得离我们的嘴远一些，这样既能让对方听得到我们的声音，但又听不清我们在说些什么，不仅巧妙地避免了尴尬，更避免了对方可能产生的误解，而且也不用中断通话。

当然，最好的方式是向对方打个招呼，征得对方的谅解与同意：

“对不起，我这里临时有事，需要马上处理一下，过一会儿我再致电给您，好吗？”

相信以这样礼貌的方式沟通，一定能够有效地避免尴尬。

电话规范之七：迅速处理

拨打电话时，我们在时间上要加以合理控制，因为这涉及电话费用问题，也涉及办公效率问题。

所以，我们在讲述时要言简意赅，复述时要简明扼要，力求以最短的时间、最准确的语言、最简单的方式，通过电话处理事务，解决问题。

身为秘书，我们必须在电话中表现出准确而又干练的职业素养。

如果使用电子记事本或电脑系统对电话进行处理，那就必须将所有与我们领导有关或与我们单位有关的电话号码悉数登录。无论那个电话号码有多么熟悉，我们仍然不能过分依赖自己的记忆力，因为号码只要错了一个数字，就全错了。

利用电子设备处理电话，可以在分类、检索、存储、提示等方面极为有效地帮助我们，因为它们具备自动生成与信息处理的功能，只要我们善加利用，就能大大提高秘书的工作效率。

需要提醒的是，一旦设定登录和检索的方法后，应该立即备份，以免因为电子数据的丢失而前功尽弃。

电话规范之八：禁谈私事

在电话使用的规定上必须明确，单位里的所有电话只限于工作上使用，任何私人电话只能使用个人手机。即使私人电话打到单位电话上，有关人员接听时也必须长话短讲，以不影响周围同事正常工作为原则。

电话和电脑一样，在工作中都发挥着信息收集、传递、整理的作用，如果秘书或其他同事因个人原因而占用这些工作资源，无异于占用与虚耗资源，影响整个单位的正常运作。

从道理上讲，任何有损单位利益的事都是不允许发生的，作为领导的助手，我们尤其要引起重视，协助领导当家理财。

所以，秘书不仅自己要以身作则，而且不能姑息其他同事如此行事，哪怕偶尔一次也不行，否则就是我们失职。

毫无疑问，在工作中养成一个良好的使用电话的习惯，有助于提高秘书的职业表现和职业形象。

训练小结

接打电话过程中涉及许多职业用语和职业态度，我们有必要对每个细节及每个过程认真揣摩，按照职业规范的标准要求，逐一运用在工作当中，以此显示秘书的职业性。

训练科目 10　函电规范

训练目的

了解函电规范的基本要求，掌握函电处理的行为规范。

训练方式

影像观摩、专家演示、角色表演、情景实训、分组练习、个人训练。

训练方法

观摩情景电视系列教学片《秘书规范》第二辑第 10 集。

教练分段讲解，现场示范，布置学生采用传统的“文件篮训练”分组模拟演练，即将各种邮件、函电、报刊、资料放入一个文件篮内，让学生在规定时间迅速而又准确地进行分类处理，以此锻炼学生的准确判断及快捷反应能力，使得函电处理的基本功更为熟练也更为扎实。

教练则对学生的演练情况进行点评与指导，直至学生完全掌握规范要领。

训练时间

4 课时。

训练提示

在信函及电子邮件的处理过程中，秘书的表现必须非常专

业，分类、批阅、转达、归档、跟踪、反馈，所有这些环节都要认真对待，仔细处理，任何一个环节一旦出了差错，都有可能对上司的工作、单位的运作带来不利影响，甚至产生被动的局面。

而且，函电处理是否及时，是否准确，是否妥当，是否合理，也直接关系到秘书的职业表现。

所以，一丝不苟地严格按照函电处理规范行事，是秘书唯一的选择。

训练内容

信函及电子邮件分为收函与发函两种情况，简称为收发。

收函包括信件、传真件、电报、电子邮件等。

除了电子邮件，其他收函一般都由单位的收发部门或前台工作人员负责接收，进行检阅与分类后，再分发或转交给有关人员。

凡是与领导有关或与秘书职责有关的收函则由秘书负责处理。

但也有不少单位的收函全都是由秘书来签收处理的。如果属于这种情况，秘书的工作量和责任性相对就要大一些，需要认真把关，将有效的信息利用起来，将不良的信息屏蔽处理，以免领导的正常工作和单位的正常运作受到影响。

在早期的秘书职业培训中，纸质信函的处理简称为“文件篮训练”，通过这种训练来培养秘书迅速准确处理各类信函的能力。后来有了电脑与互联网，电子邮件也成为收函处理的重要内容之一。

收函规范之一：视同公函

按理说，秘书是无权拆阅私人来函的，但在现实社会中，相当一部分的公函或商业信函往往都是具名寄给单位里有关人员的，秘书很难区分其公私性质。有时很多十分重要而且需要立即处理的信函，就因为具体的收函人不在而被耽误处理，以致造成麻烦甚至很大的损失。

如何处理这类看似平常但后果却可能会很严重的事情？最好的应对措施及解决方案，就是通过单位的有关规章制度明确以下规定：

凡单位成员的私人信件，一律禁止寄到单位里收发，否则以公函及商业信函对待，秘书有权拆阅处理。

事先如此约定，并在员工守则中以条款方式加以明确，再让员工签字确认，既可以避免侵犯员工的个人隐私，又能够确保单位的规范运作不受影响。

收函规范之二：例行签收

来函送达时，秘书在前台负责逐一点验及签收。

（示范图 40：女秘书收函时的标准规范）

示范图 40

拆阅来函时，应将函件直立，在桌上轻敲几下，使信封内的东西落在底端，然后在信封上端左角剪个斜角，用小刀从此处裁

开信封，或者用拆信器一步完成。

取出函件之后，先检查信封内是否还有其他夹寄物品，然后平整铺开函件，在上面注明收函时间。

收函规范之三：分类处理

注明单位收函的属于一般公函，注明个人收函的属于普通信函，注明领导收函的属于重要信函，特别加注“机密”字样的属于特殊信函。

凡是一般公函与普通信函，秘书可直接处理。

凡是重要信函与特殊信函，必须有领导特别授权，秘书才可以处理，而且处理结果必须附在来函后向领导报告。

私人信函分开摆放，无关紧要的弃置一边，有些价值的妥善存放，特别标示的专门保管。

呈交领导的重要来函放在普通信函的上面，并做好分类标记，以便领导能够先行处理。

收函规范之四：标注识别

如果来函众多，秘书要用多个文件夹进行分类存放。

文件夹通过颜色、数字或顺序等方式做出识别标记，以便根据这些来函的重要程度安排呈送顺序，请领导按照轻重缓急，给予及时处理。

信函分类标注的国际标准如下：

1. 金色标记表示优先考虑。
2. 绿色标记表示例行性的备忘录。
3. 粉红色标记表示特殊信函。
4. 蓝色标记表示绝密信函。
5. 黄色标记表示私人信函。

我们必须备好上述颜色的彩笔，并让领导适应此种分类方式。

如果限于条件，我们也可以用某种符号或英文字母来取代上述分类方式。

重要的是，我们和上司都要知道这些分类标记的含义。

收函规范之五：登记分发

凡是重要或特殊来函，我们都应登记在函件收发记录本上，按序填写收件日期和时间、发函日期、发函单位、发函人姓名、内容摘要、来函接办者等项内容。

处理来函是秘书的职责所在，其目的是为了维护办公秩序，方便同事工作，节省领导时间，掌握有关信息，提高工作效率。

凡是呈送领导阅看的信件，信纸在上，信封在下，用订书机或回形针夹在一起，一函一夹，按照重要性和急迫性，从上至下依次叠放好，便于领导逐一处理。

凡是转给其他部门有关人员的信件，则信封在上，信纸在下，订好或夹在一起。这样做是为了与呈送领导的信件有所区别，而且转送时也便于对号入座，避免发生错看别人信函内容的难堪。

将一般公函或普通信函分别送交各部门相关人员，凡公函或非领导受理的重要来函，都应请收函者在函件收发记录本登记栏内签收。

收函规范之六：授权代阅

呈交领导的重要来函放在普通信函的上面，并做好分类标记，以便领导能够先行处理。

如果领导授权，秘书可以先行阅览重要来函，并对其中要点用红笔画线标示，或将自己意见标注在旁，以便提醒领导重视。

收函规范之七：妥善保管

来函拆阅分类后，没有价值的保存 1 个月，有价值的保存 6 个月，重要的复印保存，原件归档，已过失效期的来函必须用碎纸机处理，以防泄密。

电子邮件的处理与转发可参照上述程序及标准操作，注意备份，注意保密，注意确认，注意回复。尤其是在内部局域网和外部互联网的连接上要设置必要的防火墙，在内部局域网的使用上要实施必要的管理，以避免信息失控。

发函规范之一：提醒对方

凡属重要发函，事先有必要用电话或互联网与收函方联络，进行提示或确认，其目的是告诉对方，此项函电内容重要，请予重视。

发函规范之二：因人而异

发函的用词要准确，表述要明白，条理要清楚，礼数要恰当。

用电脑打印函电和用笔书写函电，其效果并不一样，前者比较正规，后者比较人性化。如果是纯粹的公函或商业函电，用电脑打印就显得比较郑重其事；而如果是私人往来，用笔书写则显得更有人情味。

发函规范之三：细节严谨

发函内容应准确无误，礼数周到；发函细节应独特鲜明，严谨规范。这些细节包括：

1. 有特色有分量的信封。
2. 有价值有含义的信纸。

3. 有意思的书面语言。

4. 造型优美书写流畅的字体。

5. 别具一格的上下落款。

6. 标准的书写或打印格式。

7. 有传统感或现代感的折叠方式。

8. 规范的邮寄方式。

函件的行距之间以及起首空格等格式应该符合收函者的文化习惯，发往欧美国家及中国内地和港澳地区的信函采用从左至右的横写格式，发往中国台湾地区的信函则采用从右至左的直写格式。

横写格式的信函应采用直向两折三分折叠法，两端比标准信封短，这种折法简洁平整，比较富有现代感。

直写格式的信函应采用斜角折叠法，即以信函右上角的收函者姓名称谓为界，将左上角折叠过来，然后直向对折，再将上端对齐下折。拆函者如果打开上端折角，第一眼就能看见收函者的姓名称谓，如若不是拆函者本人，则不必继续阅览，可以恢复原状，函中内容不至于外泄。这种折叠法比较斯文，也比较富有传统感。

邮寄或快递时，信件和信封必须相符，信封上的内容和格式必须正确无误，邮资必须足够，包装及封口必须严密妥帖，特别标示必须清楚醒目。

发函规范之四：善后得当

邮寄或快递后，回执必须附在函件寄发记录本上并做详细登记，信函复印件必须归档备案，收据必须交给财务入账。

如有必要，信函内容及发函信息还应当在电脑中备份。

发函处理得当，无疑会使收函方建立起对发函单位的信心，同时也能对作为发函方经办者的秘书的专业性有充分认识。

如果是通过电子邮件发送的信函，则要妥善存储有关信息，以免因为意外造成信息的流失。

（示范图 41：女秘书发函时的标准规范）

示范图 41

（示范图 42：女秘书处理电子邮件时的标准规范）

示范图 42

电子信息的运用使得函电处理达到了及时准确的程度，现在很多信函都是通过电子邮件的方式来寄发的。但在实际应用中，秘书则要注意保密，尤其是涉及机密的内容，必须设置安全系统，避免黑客侵入窃取信息，损害收发双方的利益。

训练小结

函电处理无小事，每函每电要落实。它没有什么诀窍，就是按照规范分门别类对号入座而已。但在做的时候，用心与留意很重要，不然就难以做到准确合理。

第三单元　职务规范

秘书工作无小事，在领导身边工作，无论是受命、请示这类简单的例行公事，还是陪同、助理甚至代理这类重要的工作，秘书都必须表现得非常专业，否则，任何一点的随便和疏忽，都有可能酿成大错。

训练科目 11　受命规范

训练目的

了解受命规范的基本要求，掌握受命过程的行为规范。

训练方式

影像观摩、专家演示、角色表演、模拟操作、情景实训。

训练方法

观摩情景电视系列教学片《秘书规范》第三辑第 11 集。

教练分段讲解，现场示范，安排学生两人一组互相演练，纠正动作，掌握要领，并对学生演练情况进行点评与指导。

训练时间

4 课时。

训练提示

秘书作为领导的高级助手，最重要的工作就是和领导沟通，和领导打交道。

在和领导共事的过程中，秘书经常会接到领导的指示或交办任务，我们把这个过程称为受命和复命。

所谓受命，就是接受命令或者接受指示。

所谓复命，就是回复命令或指示，把领导交代的任务完成之后，向领导做一个及时的汇报或者反馈。

因为受命和复命是一个过程的两端，有受命必有复命，所以我们把这个过程简称为受命。

训练内容

受命是秘书和领导共事中一个重要的互动内容。

顾名思义，受命就是接受命令，而复命则是回复命令。受命和复命作为一种制度，是针对领导指示进行记录和落实的一个过程。

下面的情景就是常见范例：

领导打电话："刘秘书，请你进来一下。"

女秘书敲门。

领导示意："请进。"

女秘书走到领导面前："李总您好，请问有什么事？"

领导吩咐："刘秘书，有几件事你抓紧去处理一下。"

女秘书马上做好记录准备："好的，请您指示。"

领导交代："第一，下周二准备召开工程进度分析会，你去通知张经理做好准备。第二，你到规划国土局去一次，问一问我们报上去的项目规划什么时候能够批下来。还有就是今天下午两点，叫财务部的李经理带上季度报表到我这里来一下。"

女秘书边听边记。

女秘书向领导复述其指示："李总，我把您的三点指示复述一下，请您确认。第一，下周二召开工程进度分析会，通知张经理做好准备。第二，我到规划国土局去问一下我们××家园的项目规划什么时候批下来。第三，下午两点请财务部李经理带季度报表到您办公室。"

领导点头示意认可。

（示范图 43：女秘书受命时的标准规范）

示范图 43

女秘书又问："李总，您还有其他指示吗？"

领导再次强调："你通知张经理，这几天一定要抓紧准备。"

女秘书随即表示："我明白，马上去办。"

受命规范之一：听清指示

对领导的指示应全神贯注地倾听，心领神会地理解，准确无误地把握。

有时候领导的意图未明，主意未定，做指示时往往会出现含糊甚至矛盾的情况，秘书对此应习以为常，通过提纲挈领的方式，帮助领导理清思路，抓住要点，明确意图，使领导的真正想法能够渐趋成熟，并逐一清晰地呈现出来。

有时候领导是边想边讲，讲的过程本身还在斟酌，此时秘书千万不要打断领导的思路，更不要明知故问或自作聪明，对领导的指示擅做定论，甚至断章取义，而应该耐心倾听，等待领导的想法成熟之后再逐一确认。

受命规范之二：准确记录

对秘书来讲，受命时采取的记录方法有以下两种：

第一种是领导讲一项内容，秘书同步记录之后，立即和领导进行核对，以求确认。然后领导继续讲下一项内容，如此往复。

但是这种方法难免会打断领导的正常思路，尤其是当领导向秘书发出几个甚至更多指示的时候，这样做对秘书比较有利，对领导却是一种痛苦。

第二种是秘书一声不吭地记录下领导的讲话，然后再逐一与领导核实。

在这个过程中，让领导多些考虑和斟酌的机会，对领导提高指示的成熟性和可行性大有好处。

很显然，最好的方法当然是第二种。

秘书在做记录时应尽量记下领导原话的全文，有时候用惯常的理解方式很容易忽略领导指示的微妙之处，影响到其他人对领导真实意图的把握。

对啰嗦复杂的原话，秘书要用简明扼要的语句进行概括表达，并且按照顺序逐一记录，分清段落层次，保持原来的条理性。

记录内容要准确无误，用词要真实恰当。当某个字一下子写不出来时，不能含糊了之，更不能用自己的理解随意改变原话的意思。

当然，为了讲求速度和原汁原味，原始记录往往不太整洁与好看，但秘书必须确保自己能够看明白，并确保根据原始记录整理的正式记录非常准确。

原始记录整理完毕后，应向领导核实确认，这对提高工作的准确性和效率是非常有帮助的，我们千万不能忽略这个细节。一旦粗心大意，导致某个要点疏漏，就有可能使领导指示的执行结果大打折扣。

我们一直强调专业，在受命和复命过程中，秘书的记录行为本身就代表着一种专业，代表着秘书认真负责的工作态度。郑重其事地做好记录，不仅能使领导的权威感得到满足，对任务的执

行或落实也是一种保障。因为在实际工作过程中，很多重要的信息稍纵即逝，我们如果不用心记录，这些重要内容往往就会被忽略掉。

俗话说，好记性不如烂笔头。对领导的一切指示都随时记录，当面核实，立刻落实，及时回复，无疑会大大提高秘书在领导心目中的重要性。

受命规范之三：及时落实

秘书接受领导指示之后，必须立即逐一落实，其原则是：重要事项优先处理，一般事项随后处理。

在落实领导的指示时，秘书可以通过电话联络、上网查询以及登门拜访等多种方式来进行。

需要指出的是，落实领导的指示，秘书必须亲力亲为。

对秘书而言，领导的指示犹如圣旨，如果秘书接受了领导的指示之后，再去交办或者委托他人去具体落实，难免会使落实的质量大打折扣。因为秘书在落实领导指示的过程中，比较容易在第一时间发现问题，比较容易掌握第一手资料和信息，以便迅速及时地解决问题，确保领导指示得到有效落实。

当然，在落实领导指示的时候，秘书的精神状态及办事效率并不要求表现得风风火火，因为在办公环境中随时随地保持秘书优雅从容自信的状态是非常重要的一件事情。

受命规范之四：限时复命

受命要求准确，复命同样也要求准确，而且还要求及时。对重要的命令必须立即落实，及时回复，而对一般性指示则只要求4小时内复命即可。

严格地讲，受命和复命是一个循环往复自始至终的过程，因为在落实领导指示的过程中，难免会有新的情况出现，领导也随时会有新的指示。受命，复命，再受命，再复命，直至完成。

所以，随时保持与领导的联络与沟通，及时向领导汇报有关情况，对于圆满完成领导交办的任务至关重要。

但是，在这个过程中，我们也没有必要凡事都去请示领导，除非我们自己实在无法定夺，否则在自己权限范围之内和能力所及的情况下能够独立解决出现的问题，就不必打扰领导，这也是一个能力问题。

通常情况下，领导将任务交代给秘书，自然是因为秘书有能力完成。因此，在没有落实好领导指示之前，最好不要为了其中一些小事而去麻烦他。

交办任务完成之后，应即刻向领导汇报结果，以便领导随时掌握有关情况，做到心中有数，决策有据，或者再行斟酌，另拿主意。

就如下面这段范例：

女秘书向领导汇报："李总，您上午所交代的事项，我已处理完毕，现在向您复命。"

领导注意倾听。

女秘书说："第一，工程部张经理承诺，这几天他会全力以赴，抓紧做好准备工作。第二，我已去过国土局，对方答复明天上午 10 点之前，我们所要的批文会正式批复下来。第三，我已通知财务部李经理，他会按您的要求准时到达。另外，国土局批文下来以后，需要哪些部门继续操作，请您指示。"

领导吩咐："这个事，明天上午再说吧！"

女秘书回答："那好，李总，您如果没有其他事情，我先出去了。"

（示范图 44：女秘书向上司复命时的标准规范）

示范图 44

训练小结

受命规范的内容看似随意，但其中却大有讲究，尤其是秘书在应对时的标准用语，以及受命时的记录与确认程序，还有复命时的时限要求，受命与复命过程中的多次往来更新，随时保持与领导的联络与沟通，不要为小事烦扰领导，等等细节，它们都有相应的操作规范。只有逐一照做，并且养成习惯，秘书才能成为被领导赏识与器重的人。

训练科目 12　请示规范

训练目的

了解请示规范的基本要求，掌握请示过程的行为规范。

训练方式

影像观摩、专家演示、角色表演、模拟操作、情景实训。

训练方法

观摩情景电视系列教学片《秘书规范》第三辑第 12 集。

教练分段讲解，现场示范，并让学生依次演练，逐一点评与指导，直至做到像模像样，有板有眼，动作娴熟。

训练时间

4 课时。

训练提示

请示及汇报是秘书和领导进行良好沟通以及上行下达的一个重要途径，如果秘书不能在内容上做到简明扼要，在形式上做到郑重其事，那么领导不仅会质疑秘书的职业素养和职业能力，甚至会怀疑秘书为人处世的态度和行为。

这是一定的。

凡是涉及职业表现的东西，都必须以十分专业的做法进行规

范，这是职场的规矩，更是秘书的职责。

请示和汇报尤其如此。

训练内容

秘书向领导请示，不仅是一种工作内容和工作方式，也是一种职业秀。

顾名思义，请示就是请求领导指示。既然是请求，当然要郑重其事，因为郑重其事的请求自然会获得郑重其事的回应，而随随便便的询问所换来的只会是随随便便的应付。

这个道理很简单，如果秘书不把请示当回事，那么领导也不会把秘书当回事。只有专业性的表现，才会获得相应的重视，任何事物都是相辅相成的。

正因如此，所以秘书必须把看似平常与简单的请示做得非常专业、非常规范才行。

请示规范之一：目的明确

一事一请或多事一请，每次请示都必须目的明确，请求领导对某件事的处理提出意见或做出决定。

请示规范之二：用词准确

在充分陈述请示的缘由及内容之后，必须用“请您指示”这样的标准用语来向领导提出要求，以示专业。

请示规范之三：语气温和

请示只能用温和的语气提示领导做决定，而不能用询问甚至用急迫的语气逼领导表态。

请示规范之四：耐心倾听

请示时应有耐心，给领导足够的思想空间和思考时间，不要影响领导的分析、判断和决策。

倾听领导的指示更要有耐心，只有这样才能听清楚弄明白领导的指示要点。

请示规范之五：领导做主

作为领导的助手，辅助决策是一项很有挑战性的工作，秘书的价值取决于领导是否能对我们言听计从，完全采纳我们的想法或建议。

但要注意的是，如果需要我们提出建议，即便是一个让领导别无选择的建议，我们也要在最后加多一句："您看呢?" 把决定权交给领导，请领导决断，因为领导最忌讳的就是下属自以为是，擅做主张。

请示规范之六：见机行事

什么时候说什么话，往往决定着说话的效果。选择恰当的时机意味着我们必须察言观色，根据领导的心情行事。所以，一般性的请示可选择在领导心平气和时进行，而重要的请示则不必多此顾虑，可以直截了当。

和领导共事时间长了，秘书很容易和领导形成一种默契。在某些状态中，我们无法用明示的方式来提醒领导或者向领导示意，这时就必须用暗示的方式来引起领导的注意。

例如，采取故意的行为，或者事先约定的一些动作重复进行。

又如一个眼神，或者一个会意的表情。

如果领导不擅察觉暗示，也可以用写纸条的方式来明示，甚至当场向领导请示。

无论暗示、明示或当场请示，都能起到提醒领导的作用，只是暗示相对于明示或当场请示而言，需要秘书和领导之间有很好的默契，能够达到一种心领神会的程度。

当领导和客人之间谈兴正浓时，秘书前去请示就会显得有些扫兴。

常言说得好，一个人能否善解人意，关键在于其是否识趣。如果不是领导特别关照，或是突发意外必须请领导拿主意，我们此时去打扰领导，就会显得有些不太识趣。

总之，请示可以有多种方式，但必须就事论事，把请示当做一件有始有终的例行公事，并且根据领导的状况来考虑采用什么方式达到目的。

请示规范之七：如实禀报

请示与汇报往往相辅相成，循环往复。汇报的目的是请示，请示的结果是再汇报，相关的事情就在这个过程中办妥的。

秘书汇报的主要目的是向领导传递有关信息，或者领导交办任务后的信息反馈，所以，信息的准确程度以及汇报的及时程度，对领导据此做出的判断和决定至关重要。

秘书必须将最接近事实真相的信息及时提供给领导，以便领导能够准确分析与及时决策。

秘书对自己汇报的内容，尤其是内容所涉及的有关材料应有充分了解，因为这些材料能够证明内容的真实可靠，也能丰富内容的说服力。一旦领导对某个内容再三提问，秘书能够胸有成竹地对答如流。

对领导所关心的问题，秘书同样应有全面了解；并且根据领导的思维习惯及行事风格妥善斟酌，筛选与处理有关信息，用最合适的方式进行汇报。

抓住要点把握全面的本领是秘书的基本功之一。

任何事务和问题，其真正有价值并且值得关注的往往只是它的核心。对领导来讲，他并没有太多时间和耐心来听秘书唠叨，他关心的只是问题的起因与后果，以及切实可行的解决方案。

所以我们要做的就是抓住要点，如实禀报。

凡是汇报，就是表示秘书专业分工的工作完成了，必须向领导移交自己的工作结果，然后由领导拿主意做决定。

为了使领导充分意识到这种职能移交的重要性，以及领导对最后结果的影响作用，采取郑重其事的汇报方式，往往能够更好地提醒领导予以重视。

郑重其事还包括用书面形式来做汇报，因为书面汇报结合口头汇报，最容易给领导留下深刻印象。

请示规范之八：有问必答

无论请示还是汇报，我们始终要对领导的提问给予积极回应。

领导的提问反映出领导的困惑或者兴趣，对领导的询问，我们应采取积极的态度，一是要明白领导的真正意图；二是要了解领导提出的问题和我们请示或汇报的问题的关系；三是要坦率真诚地提出自己的想法，在就事论事的同时寻找最佳解决方案；四是要直截了当地说出答案，而不要按部就班地和领导进行沟通。

我们必须牢记，任何时候都不能低估领导的智商，哪怕领导确实愚蠢透顶，我们也不能试图去指教他，因为毕竟他是领导，我们只是他的助手而已。

训练小结

请示和汇报一定要郑重其事，这不仅能让领导感觉到自己的权威所在，同时也是对每一件事做到应有的确认。

在这里，秘书工作的态度和速度都非常重要，只有重视了态度，同时也强调了速度，我们才能保证每一次请示或汇报的准确性。

训练科目 13　陪同规范

训练目的

了解陪同规范的基本要求，掌握陪同过程的行为规范。

训练方式

影像观摩、专家演示、角色表演、模拟操作、情景实训。

训练方法

观摩情景电视系列教学片《秘书规范》第三辑第 13 集。

教练分段讲解，现场示范，并对学生演练情况进行点评与指导。

学生两人一组互相演练，彼此纠正动作，直至掌握规范要领，做到像模像样，有板有眼，动作娴熟。

训练时间

4 课时。

训练提示

秘书经常需要陪同领导参加各类活动，或者检查工作，或者考察，或者出差。

在整个陪同过程中，秘书的表情、神态、言行举止，都有一些特定要求，因为此时，秘书除了做好助手的工作之外，还要做好领导的陪衬。秘书必须比其他任何时候都要更加顾及领导的面子，更加顾及领导的感受。

对陪同工作的所有细节不能掉以轻心，因为任何一个不经意的疏忽，都会让秘书的职业表现大打折扣。

训练内容

陪同工作看似简单，其实不然。

陪同领导接待，陪同领导考察，陪同领导应酬，陪同领导办事。

陪同自然有主次之分，秘书在陪同过程中始终是一个随从者。

但要注意的是，陪同并不仅仅是随从而已，秘书在陪同过程中所表现出来的主动性、积极性、全面性，以及整个服务的周到性，不仅会给领导也会给其他有关人士留下良好印象。

在陪同过程中，秘书并不是一个可有可无的附属品，偶尔会意的一笑，或者和领导默契的配合，甚至从中插话呼应乃至提醒，都会对陪同过程产生积极的影响。

重要的是，秘书的陪同目的是为领导排忧解难，当好领导的随行助手，衬托领导的身份地位，随时帮助领导进行安排。

陪同领导接待或者考察的时候，在领导的认可与鼓励下，秘书也可以适当发表一些个人意见。有时候秘书的发言以及秘书的智慧也会对现场产生一种良好的作用，比如活跃气氛，启发想法，化解矛盾。

秘书在陪同过程中适时做出一些相关的举动，或者一些恰当的指引，能够使有关事务得到准确的指点。这对掌握陪同的节奏、提高陪同的效率都是非常有用的。

作为领导的助手，秘书的陪同往往还起着陪衬和引导的作用。因此，秘书在陪同时的站立及跟随的位置，根据陪同活动的

不同而略有差异。陪同在左侧，跟随在身后，这个位置根据领导的要求与现场情况而定，随时可作调整。

陪同规范之一：跟随到位

陪同领导外出考察时，秘书应跟随在领导的左侧后方，依据“左为下，右为上”的礼仪原则，这样的陪同会显得礼数周到，进退有据，十分得体。

（示范图45：女秘书陪同领导考察时的标准规范）

示范图45

陪同规范之二：陪伴到位

陪同领导下基层检查工作时，秘书应站在领导的左侧及被检查物体的外侧，这样既不影响领导的视线，又能观察到现场情况，还能随时配合领导的反应。

如果秘书站在领导和被检查物体之间，难免会显得喧宾夺主。

（示范图46：女秘书陪同领导检查时的标准规范）

示范图 46

陪同规范之三：衬托到位

陪同领导参加各类应酬活动时，秘书应该站在领导身后。亦步亦趋时，姿态却要显得优雅从容，要恰如其分地衬托出领导的气派，并且巧妙地为领导化解有可能遭遇的一些尴尬，避免领导受到冷落。

（示范图 47：女秘书陪同领导应酬时的标准规范）

示范图 47

陪同规范之四：照顾到位

陪同领导出差时，应该站在领导身边，以便随时能够挺身而出，应对各种突发意外，保护自己的领导不受影响，而且也便于随时照顾领导。

（示范图 48：女秘书陪同领导出差时的标准规范）

示范图 48

陪同规范之五：配合到位

领导下基层检查工作时，往往会和秘书就某些事情交换看法，通过这种交流和沟通来发现问题，并且找到解决问题的方法。这种陪同对于秘书来讲，无疑是了解领导、熟悉工作的学习过程，因为在整个陪同过程中，我们不仅可以感受到领导的人格魅力，了解领导待人接物处事的方法，同时也能受到领导工作作风的影响，从而提高自己与领导默契配合的程度。

陪同领导出差时，秘书除了要协助领导开展工作外，在公共场所和社交场合更要协助领导开展公关。

陪同领导并不是跟在领导后面唯唯诺诺，而是协助领导做一些指引，出一些主意，提一些建议。

所以，积极的配合，主动的呼应，恰当的点缀，有效的协助，这些都是秘书必须要掌握的基本功。

陪同规范之六：风度到位

姿态以及风度缺一不可，而且要始终如一。

对秘书来讲，陪同实际上就是表现专业性的一个场所，就是表现专业性的一个过程。

和领导外出办事时有说有笑固然很好，但说笑有一个度，我们始终要记住这一点：陪同就是陪同，领导再怎样尊重甚至抬举我们，我们都不能得意忘形，忘了自己的身份，失去了应有的分寸。

例如，陪同领导登门拜访时，就应像下面这段示范那样，礼貌地打扰，得体地应对，恰当地介绍，适时地提醒。

保姆开门："你们好，请问找谁？"

秘书介绍："你好，我们是××出版社的，专程登门拜访廖先生。"

保姆示意："请。"

主人询问："你们二位是？"

"廖先生，您好！"秘书自我介绍："我们是××出版社的。我姓张。"她又向主人介绍身边的上司："这位是吕总。"

主人伸手示意："哦，吕总，你好！欢迎光临！"

吕总表示："我代表××出版社专程登门拜访，祝贺您50岁生日，祝您身体健康！"

主人道谢："谢谢！谢谢！你们太有心了！啊，好漂亮的花呀，和这位小姐长得一样漂亮！来，请坐，请坐，谢谢你们！"

宾主坐下，相谈甚欢。良久，秘书提醒领导："吕总，咱们是不是该让廖先生休息了？"

（示范图49：女秘书陪同上司拜访时的标准规范）

示范图 49

领导会意："廖先生，时间不早了，我们告辞了，改天再聊。"

主人相送："谢谢！非常感谢！"

秘书随领导向主人告辞。

（示范图 50：女秘书陪同领导告辞时的标准规范）

示范图 50

若是陪同领导探视病人，我们也要适当表现出对病人及其家属的关心和照顾，这种礼貌是必需的，也是陪同规范所强调的。

任何时候，秘书都是领导的配角，一个配合领导表演的角色，只要剧情需要，我们就得为领导这个主角配戏。道理就这么简单。

训练小结

引领要求秘书站在领导左前方，陪同要求秘书站在领导左后方或左侧，跟随要求秘书站在领导左侧身后。一般情况下，左为下，右为上，秘书所处的位置不能搞错。

但有时候，秘书也不必太拘泥于礼节。比如，领导或来宾已经占去了左侧位置，我们就没必要强求换位，反正一切以自然为宜，在自然之中保持应有的礼节。

训练科目 14 助理规范

训练目的

了解助理规范的基本要求，掌握助理工作的行为规范。

训练方式

图书阅览、专家讲解、角色表演、模拟操作、情景实训、案例研讨。

训练方法

观摩情景电视系列教学片《秘书规范》第三辑第 14 集。

教练分段讲解，现场示范，并设置规定情境或不同案例，让学生分组进行角色扮演，模拟演练，教练随时根据情况进行点评与指导。

训练时间

4 课时。

训练提示

秘书大多从事的都是事务性工作，但有时候秘书也要协助领导分管某项责任性工作，甚至分工负责某项具体工作。这一工作源于秘书的本职，但却又高于秘书的职责，所以人们称之为助理工作。

也就是说，秘书的助理工作是在领导授权之下，在做好秘书基本工作的同时，协助领导从事一些辅助决策、辅助实施、辅助管理的特殊工作。

训练内容

秘书的基本工作是事务性工作，包括接打电话、接待来访、处理信件、收发公文、起草文件、拷贝资料、整理报刊、收集信息、管理档案、操作电脑、安排会议、安排日程、安排差旅。

秘书的特殊工作是助理性工作，包括办公室管理、财务管理、行政管理、人力资源管理、采购管理、客户关系管理、公共关系处理、客户服务、媒体应对、法律事务、项目策划、活动企划、商务谈判、社交应酬，以及领导交办的其他非秘书本职的工作。

很显然，前者是秘书的本分工作，后者则属于助理工作。

要想从普通的文职人员成长为高级的管理人员，秘书必须经历这样一个过程的过渡与转变。

为领导担任助理工作，无疑是绝大多数秘书梦寐以求的事，也是秘书脱胎换骨提升自我的趋势。

也许正是由于这个原因，1942 年在美国成立的国际秘书协会，从 1998 年 8 月起正式更名为国际行政专业协会，其成员不只限于秘书，还包括秘书职业生涯发展空间中所有具有挑战性和重要性的职业，比如行政助理、执行秘书、办公室主管、咨询专员、相关管理人员。

因此，现在的秘书已经不是原来意义上从事一般性事务工作的办公人员，而是顺应时代发展要求，拥有专业知识，拥有非凡能力，能够逐步增加自己角色的厚度与纯度，能够适应领导要求，积极协助领导开展工作的管理人员。

由于秘书长期在领导身边工作，接触的都是核心机密，协调的都是重要关系，处理的都是棘手问题，很容易得到各种历练。尤其是在发现问题和解决问题的能力方面，更容易得到炉火纯青的锻炼，

这也是很多秘书最终能够成为优秀职业经理人的重要原因。

因为相比于其他职业，秘书得天独厚，更容易受到领导的青睐与重用。

秘书如何将自己的专业经验和综合能力发挥到极致，从而胜任助理工作，需要很好地转换角色。

因为助理工作与秘书工作有一定区别，秘书的依附性及被动性比较明显，而助理的主动性与独立性则比较突出。

在职能上，助理通常分管或负责某方面的工作，并在一定权限范围内可以独立行事。

担任助理无疑是领导对秘书的信任。有时候领导未必对外明确宣布，但仍会将有些管理工作交给秘书去做，可见他心目中的助理人选非秘书莫属，因为他知道由秘书来兼任助理是一件最为顺理成章的事。

我们必须承认，一般而言，助理的地位的确比秘书高，助理的待遇的确比秘书好，助理的工作的确比秘书重要，但这并不意味着助理就一定比秘书高人一等，或者说秘书做不了助理工作。事实上，很多秘书身兼两职或者数职，甚至拿着秘书的薪水，干的却是助理的事情。

所以，对于秘书来讲，只要能够历练自己，发挥作用，有时候是不必太计较名分。当我们能够在秘书岗位上发挥出助理的作用与价值时，领导自然会对我们更加信任与重用，此时的职务与名分如何，又有什么关系。

而对领导来讲，发现人才比重用人才更重要。能够将助理工作托付给秘书，就证明秘书的能力与表现得到了认同。从此以后，领导需要秘书发挥更大的作用，承担更多的责任，从事更重要的工作。

显而易见，助理工作比秘书工作更为重要，也更具挑战性。由秘书向助理的角色转变，意味着秘书从此将在更大的工作层面和发展空间进行历练与发挥。

助理规范之一：认真负责

在领导授予的权限范围内充分行权，高度负责，守住职责的底线。

助理规范之二：出谋划策

坚持独立思考，对简单的问题用直觉处理，对复杂的问题设想出上、中、下三策，提供给领导决策时作参考。

助理规范之三：谦虚谨慎

成绩归功领导，失误归咎自己，始终表现得谦虚谨慎。

助理规范之四：出色表现

像领导那样思考，比他想得更全面更深刻；像领导那样行事，比他做得更周到更出色。

助理规范之五：完美配合

协助领导时面面俱到，合作共事时配合默契，沟通交往时坦诚相待，遇到困难时从容应对，具体操作时一丝不苟，参与决策时积极建议，承担责任时毫不犹豫，权益分配时谦让有礼。

相比较而言，秘书用心做事，助理用脑做事。秘书处理日常事务及程序性工作，助理则处理重要事务及项目性工作。

显然，助理工作在一定程度上要比秘书工作更为复杂和烦琐，责任要求也更为严谨与苛刻。无论是接待媒体采访，还是处理社区公共事务，或者和有关方面进行周旋，有时候我们确实很难区别秘书和助理的界限到底在哪里。因为对许多小型的单位来讲，秘书就是助理，助理也就是秘书。而一旦承担助理工作，便

意味着秘书必须向领导提供更有效的协助，向客户提供更深入的咨询，向同事提供更直接的帮助，向下属提供更具体的指导。

通常来讲，秘书只需对领导本人负责，而助理则不仅要对领导负责，还要对自己分管的部门负责，或者说对自己所分担的事务负责。所以，与领导进行密切配合，与同事进行有效沟通，这是助理比秘书的工作难度更大的原因之一。

助理规范之六：胜任兼职

从一个辅助型的秘书角色，转变成一个经营管理型的领导角色，有时不露声色的瞬间，忽而秘书，忽而领导，忽而两者兼之，也真有些难为秘书。但只要领导愿意或工作需要，我们就得无条件地去适应这种角色的转换，并且扮演好不同的角色。

我们必须明白，不同的职业角色，其要求与做法自然会有所不同，特别是领导与秘书的分工原来很明确，但现在要让秘书同时扮演两个角色，就需要我们具有更为成熟的心理和更加娴熟的技巧，否则便无法胜任。

实际上，相当多的秘书现在已经在扮演领导的角色，发挥领导的作用，这种超越秘书本职工作范围的尝试与努力，往往就是从助理工作开始的。

因此，有意识地按照上述助理规范的标准要求去做，能够帮助秘书成功地身兼两职。

训练小结

在领导授权的范围内对具体事务进行处理，这需要秘书准确地分析和恰当地拿捏。在这里，把握的准确度是非常重要的。

秘书既不可以超出授权权限行事，也不能低于授权权限行事，前者属于越权，后者属于部分弃权，都是领导所不愿见到的。因此，这个尺度的把握需要不断训练，尤其是对那些与助理身份相符的职业动作、语言、态度，更应如此。

训练科目 15　代理规范

训练目的

了解代理规范的基本要求，掌握代理工作的行为规范。

训练方式

图书阅览、专家讲解、角色表演、模拟操作、情景实训、案例研讨。

训练方法

观摩情景电视系列教学片《秘书规范》第三辑第 15 集。

教练分段讲解，现场示范，设计相关案例如代理管理、新闻代言等，然后安排学生分组演练，并进行点评与指导。

训练时间

4 课时。

训练提示

相比较而言，代理工作比助理工作的难度以及责任心要大得多。

助理只是协助办理而已，而代理则是就代理权限范围内的事全权承办，是领导将部分权限通过授权委托的方式交代给秘书，由秘书代其行事。

因此，秘书在代理期间，对代理权涉及的所有事务，都需要像领导那样去考量和处理，这就是代理的要求。

训练内容

所谓代理规范，就是秘书在行使代理权时所应遵循的行为标准，它包括代理时的做事风格、代理时的思路和方法、代理时的做法和禁忌。

任何代理工作都是有具体要求、实际内容和时间限度的。

代理规范之一：代而要理

在领导授权范围内，秘书一定要把代理工作做到极限，否则就是失职。

很多时候，领导之所以授权自己的秘书代理一些事宜，就是因为知人善任，看中了秘书在这方面的天赋或潜能。我们如果能够出色发挥，使传统的思路更趋丰富，比过去的方法更为有效，就更能证明领导的选择完全正确。

代理时的做法应该按规矩，就事论事，将结果作为衡量标准，将过程作为专业展示。权限内的事情尽力去做，责无旁贷；权限外的事情争取去做，无怨无悔。

具体而言，就是少埋怨，多商量；少麻烦，多做事；少骄傲，多谦虚。

代理时的做事风格应以领导一贯的作风为楷模，这是因为同事们对领导的工作作风以及习惯早已习以为常，早就适应，如果代理者以自己的做事风格来代替，很可能会令同事们无所适从，进而影响工作效率。

而且领导也未必喜欢代理者个人的做事风格，除非领导原本就是想要借助代理者的工作作风来作些改变，甚至鼓励代理者如此行事，否则，代理者千万不要这样去尝试。

思路决定出路，思路决定方法。一个好的思路能够帮助我们发现问题症结，找到解决方法。代理时，如果秘书能以创新的思路和适当的方法去改善现状、提高效率，那当然是一件功莫大焉的好事，领导当然也会乐见其成。

代理规范之二：代不乱理

代领导行权，替领导做事，既不能自以为是，更不能自作主张，这个界限一旦逾越，就是越权。所以，代理是有禁忌底线的，当然不可乱来，率性而为。

道理其实很简单，凡事多向领导请教，领导感觉也会舒服一些，认为代理者很敬重他。更何况还能得到领导的具体指点，代理者何乐而不为?

代理规范之三：代须理好

领导的责任是整合资源，集中使用，追求效益最大化。这些资源包括人力、资金、产品、客户、市场等，为了达到这一个目的，领导的作用就是以强制、说服、激励、示范的方法，带领团队向共同愿景努力。

秘书一旦受领导委托，代理其行使部分职权，那就意味着从此以后，秘书必须承担起领导的责任，发挥出领导的作用。也意味着从此以后，秘书的视野要更开阔，思路要更清晰，方法要更有效，能力要更出色，表现要更非凡。

任何人的领导能力都不是与生俱来的，而是靠工作历练出来的。常年跟随领导运筹于帷幄，周旋于社会，决胜于商场或政界，秘书耳濡目染，自然会受到领导的熏陶与影响，也自然会学到不少真本事。

而所有这些历练日积月累，又很容易成就秘书的代理能力和代理机会。

领导授权秘书代理其部分职权，往往是因为领导工作繁忙，自顾不暇，而秘书又有能力在其所代理的工作上发挥作用。这种作用，简而言之，其实就是及时发现问题并有效解决问题的本领。

不仅解决一般问题，而且还要解决特殊问题。此时，秘书所表现出来的不只是一个代理的角色，而更应该是一个教练或导师。

在与同事相处及共事中，友好的交往，诚恳的沟通，认真的引导，善意的批评，积极的建议，有效的帮助，这些良好的工作方法无疑能够保证代理效率的提高，也有助于秘书发挥团队的作用，完成自己所承担的代理任务。

同样的画面我们似曾相识，我们之所以这样不厌其烦地重复演示，就是想要强调，在日常工作中，所有复杂的事务往往都是以这样普通的状态发生着。我们千万不要忽视这些烦琐的工作，也千万不要嫌烦，因为，正是在这些细节中，我们才能发现问题，才能找到解决问题的方法。

所以说，身为秘书，必须比常人耐烦；身兼代理，则更能够耐烦。如果不耐烦，我们就无法去解决那些看似简单其实复杂的问题，当然也就无法做好代理工作。

训练小结

我们在日常工作中，能否做得更为专业，更符合秘书的身份，更好地达到秘书的职业要求？

养成职业习惯，形成职业本能，这是解决职业问题的关键所在。

第四单元　内务规范

所谓内务，是指单位内部事务，以及办公室内部事务。

秘书不仅是上司的助手，而且通常还扮演着办公室甚至整个单位的行政管家的角色。因此，秘书在处理内部事务时，必须从程序、操作、协调、沟通、交接五个方面达到职业规范的标准。做好了是本分，做不好则是失职。

训练科目 16　程序规范

训练目的

了解程序规范的基本要求，掌握程序操作的行为规范。

训练方式

影像观摩、专家讲解、图书阅览、项目演练、模拟操作、案例研讨。

训练方法

观摩情景电视系列教学片《秘书规范》第四辑第 16 集。

教练分段讲解，现场示范，设定某项事务性工作，安排学生依照相应程序，逐步演练，分段研讨，找出合理答案，以此形成共识。

训练时间

4 课时。

训练提示

凡是涉及内部事务的处理，都与程序和标准有关。

经验告诉我们，程序性内容必须用规范化操作；通用性内容必须用标准化操作；专业性内容必须用特殊化操作；问题性内容必须用策略化操作。

只有程序和标准化作业，才能够使原本烦琐杂乱的内部事务变得正常有序、简单统一，这就是我们通常所说的标准化作业流程，英文简称 SOP。

秘书在处理内部事务时，有必要设定一个标准的作业程序，以便能使自己的工作做得非常到位、非常规范，让任何人都无可挑剔。

训练内容

现实工作中，有些秘书只是穷于应付，处理日常事务时往往手忙脚乱，完全没有头绪；而有些秘书则能够从容应对，处理日常事务时姿态优雅、井然有序。

为什么两者之间竟然会有如此大的差异？

究其原因，除了经验之外，很重要的一点在于方法。

掌握与运用什么样的工作方法，决定了工作状态与工作结果的有效程度。

具体而言，工作方法的有效性取决于作业程序。按照作业程序和操作标准行事，就能得心应手，游刃有余，反之则会手足无措。

这就像纺织厂的挡车工，由于按照设计好的作业路线和作业程序进行巡回，即使一个人操作几十台纺机或织机，也能显得不慌不忙，十分娴熟。

由此可见，程序与标准对于重复性劳动和常规性工作具有不可忽视甚至不可代替的指导性作用。

所谓程序，就是整个事务自始至终的过程及其顺序，它包括流程、环节、细节、标准等元素。

按照复杂问题简单化处理的原则，任何程序都应达到合理有效的标准要求。尤其是办公室内日常事务的处理，从开始到结束，整个工作顺序及作业标准更应该做到有条有理、井然有序、

及时高效。

对秘书而言，单位内部事务的处理程序在设计上要充分考虑其可行性，而在执行中则要特别注重效率性。

程序规范之一：适用正确

不同的内部事务类型，其适用的程序和标准是不一样的，我们必须对症下药，采取相应的程序规范来处理。

对于例行公事，程序规范要用环节来设定，做什么，怎么做，采用什么作业标准，每个程序、每个环节乃至每个动作，都要细致精确地加以规范，以保证整个处理程序的统一性、持续性和稳定性。

也就是说，任何人只要按照这套既定的程序规范来处理内部事务中的例行公事，都能胜任秘书工作，因为它是一种标准化作业。

而对于突发事件，程序规范则要以应变为基础，尽量简化甚至取消那些可能耽误时间或有损结果的程序与环节，只保留那些最关键、最可应急、最能解决问题的核心程序，使应变的速度和有效性得到完全的发挥。

若遇到例行公事与突发事件需要同时处理的情况，则应以后者为优先处理。

程序规范之二：过程清楚

程序的过程与结果、程序中每个环节的相关做法与要求都要交代清楚，否则就会乱套。

程序规范之三：流程通畅

程序自始至终必须畅通无阻，每个环节在其中都起加速的作用，即使是非常充分的理由造成的停顿，实际上也在影响结果，也会迟滞流程的顺利进行，不进则退的道理就在这里。

程序规范之四：标准统一

程序从头至尾都应该执行同一个操作标准，处理起来就会显得顺理成章。

程序规范之五：效率最佳

如果为了强调规范或者加强权威而把程序弄得十分繁复，势必会弄巧成拙，让人无所适从，甚至忍无可忍。

从效率原则出发，任何程序都要力求简洁可行。如果效率不能达到最佳状态，那就证明程序还有改进的必要。程序的作用是让事务处理能够简单化、速度化、标准化。

以接待来访为例，我们按照以下流程来设定程序：

客户来访→礼貌接待→问明来意→引入会见室→奉上茶水→请其稍候→通知被访者→安排会面→参加会面→做好记录→礼送客户→善后事宜。

整个接待过程的每个环节都应设置相应的操作标准，程序一旦设定后就必须严格执行，绝不能以轻疏区别，或随意更改。

这里的轻疏，主要是指对客户的熟悉程度。

办公程序也是如此，按照既定程序处理办公事务时，我们既不能刻板固执地死守程序，不会应变，也不能随意改变程序，甚至根本不按常理出牌。

对程序的把握和优化是衡量秘书专业素养的重要标准之一，需要强调的是，程序是一个与单位组织架构密切相关的内部管理系统与业务处理系统，也是一个单位能否生存与发展的核心优势。

凡是平稳运作正常发展的单位，其内部运作程序几乎惊人的相似，都非常清晰而且流畅。物流、信息流、现金流、业务流、

人流，五流合一的整个流动过程，就是一个完整顺畅的运作体系。它们之间既没有牵扯，也没有阻滞，更没有分流，有的只是速度与效果，这就是真正的程序所表现出来的最佳状态。

在这个流程中，每个节点都承接了上一过程的成果，也都担负着本身过程的职责，并且在增加流程的附加值后，加速度向下一流程延伸，最终完成整个延续。

许多看似不起眼的程序，实际上都是程序中必不可少的环节。对秘书来讲，整理、整合、优化程序，是我们必须经常去思考和身体力行的。

而作为维护单位正常运作的秘书，我们应该以管理顾问的角色和能力，定期为自己所在的单位做诊断，专门查找运作程序中的不合理之处，并提出解决办法，通过具体而且有效的措施，对程序的优化提出整体解决方案。

程序优化是一项牵一发而动全身的战略工程，虽然全部由技术类细节组成，但其产生影响的作用却无与伦比。如果我们能够凭借自己丰富的经验和专业知识，通过程序优化来提升所在单位的核心竞争力，那么我们的潜能尤其是潜在的价值一定会让领导刮目相看。

程序规范之六：执行有力

对程序进行细分是一种正确的思维方式，细分本身也是一种程序性工作。重要的是设定程序以后必须严格执行程序，才会显得有效。

即使是上班或者下班这些日常事务，我们在处理程序上仍然要按部就班，每一个细节都必须严谨无误。

操作的规范化和程序的严谨化是确保秘书工作完美无缺的基础之一。在运作过程中，每一个环节的实施都应该设定恰当和合理的标准。因为只有标准，我们才能知道自己的操作正确与否。

所谓标准，就是用某种方式对行为因素定量和定性。重要的是对实施标准进行精细化处理，使其具有可操作性。

其实，为内部事务处理程序制定相应的标准并不是一件十分困难的事，用职业性规范加以细化，完全能够清楚地确定。

当然，只有程序化与规范化，所有办事人员在处理内部事务时才能淡化个人色彩，突出职业水准，使单位内部各个部门都能以统一的标准行事，并且彼此配合，形成有序有效的合力。

训练小结

在实际工作中，秘书很可能会因为工作的急迫性及其难度，忽略了应有的程序，从而随意处理内部事务。

问题是，如果处理程序不对，处理过程怎么可能顺利，处理结果又怎么可能令人满意。

因此，秘书有必要为自己设立一个标准的程序范本，以此来规范所有内部事务的处理。

训练科目 17　操作规范

训练目的

了解操作规范的基本要求，掌握操作过程的行为规范。

训练方式

项目教学、专家讲解、影像观摩、图书阅览、专项演练、模拟操作。

训练方法

观摩情景电视系列教学片《秘书规范》第四辑第 17 集。

教练分段讲解，现场示范，设定某项工作任务，让学生分组演练，分别操作，教练随时进行点评与指导。

训练时间

4 课时。

训练提示

大到项目运作，小到事务处理，所有的工作实际上都是需要秘书来操作的。在这里，“操作”已经是一个专门的或者说职业的术语。那么，秘书在操作过程中究竟应该如何来把握准确度和效率呢？

训练内容

营造整洁的工作环境，养成良好的操作规范，这不是一句话那么简单，它需要日复一日、年复一年地在每个环节和每个细节上做到滴水不漏、完美无缺。

对秘书来讲，综合性事务所带来的必然是分类处理的难度和时间控制的不易，所有的信息和事务必须尽可能迅速、及时、准确、恰当地得到关注与处理，这本身就是一项系统工程，如果不是有条有理地应付与处理，势必会使工作显得杂乱无章。因此，学习和掌握必要的操作规范，不仅能够有效提高工作效率，而且也能使工作品质得到保障。

操作规范是依据工作要求对应设定的一套具体的标准做法，以日程安排为例，秘书通常会采用纵横交错的做法来进行操作。

所谓纵，是指时间。从上班开始到下班为止，整个过程中什么时间应该做什么事，按照顺序逐一排列。属于例行公事的作为主线，属于偶发或突发事件的作为辅线。辅线突出时，在同一时间内可以暂停主线而先处理辅线。

所谓横，是指事务。每一项日常事务的处理都应设定所需要的时间、所依照的标准、所规定的程序、所要求的结果。这一点极其重要，因为它是确保日常事务处理的有效性及规范性的关键所在。

而每个纵横交错的交集点，则正是时间与事务的具体体现，每一步做什么、怎么做，我们都应该交代得清清楚楚，以便做起来可以有根有据，毫不走样。

在时间的段落中，我们应该保留弹性的空间，使日常事务的处理具有替代的可能。当然，同一时间中肯定会出现若干项事务同时需要处理的情况，这是因为日常事务的特点本身缺乏计划性，我们只能去适应它而无法去控制它。

操作规范之一：适当分类

有经验的秘书往往会将各类事务分类，将其分为日常事务、偶发事务、特别事务，然后用不同的操作规范来加以区别对待。

日常事务贯穿全部过程，基本保持不变。

偶发事务放在备注栏中，发生后以应变措施给予处理。

特别事务需要格外关注和重视，通常先予处理。

在这三者中间，只有偶发事务无法事先预测并安排。因此，日程安排表上只需出现日常事务与特别事务的内容。

日常事务包含两方面内容：一是秘书本身的事务性工作，二是单位范围内的事务性工作。

秘书本身的事务性工作比较简单，通常是一些例行公事。而单位范围内的事务性工作则稍微有些复杂，大多是一些程序性的交代。

在安排日程时，秘书本身的事务性工作通常可以省略，因为它完全可以由我们自己来控制操作，只需要见缝插针就行。而单位范围内的事务性工作则必须标识清楚，按照轻重缓急对号入座。这样，不仅我们自己能够照此标准按部就班地操作，领导或者其他同事也能对此一目了然，在我们忙不过来或者因故外出时，可以帮助甚至代替我们处理这些事务，而不必担心操作过程及标准有什么差别。

各类事务的内容项很多，我们在安排日程时，可以在时间栏后多设置几个项目栏，以便尽可能详尽周到地容纳与反映整个事务的现状。每个时间段中安排的不同项目应分别注明事务内容、有关要求、有关人员，备注内容等。

为了规范事务处理时的行为方法，以便所有的相关人员有法可依，有章可循，有样可学，有款可比，我们应该将所有的处理细节都用标准的言行举止和具体做法确定下来，然后严格执行。

久而久之，我们就能形成一种良好的职业习惯。

操作规范之二：适应领导

任何一种操作规范都需要得到同事尤其是领导的认可，因为只有适应领导的要求，我们才有操作的依据；因为只有约定俗成的东西，大家才能接受并且照办。

所以，我们必须根据领导的思维方式和行事风格来确定合适的操作规范。

操作规范之三：适合自己

任何一种操作规范都必须适合我们自己的行为习惯，否则操作起来既不顺手又很别扭，当然会影响操作效果。

所以，我们应该根据自己的专业经验和实际能力，在总体上把握好操作的具体程序及相应标准，使自己更能得心应手。

操作规范之四：适宜标准

若要达到操作的有效性，我们在操作时的所作所为就必须符合标准化要求，这个标准既包括整个操作过程的基本标准，也包括每个操作细节的具体标准。

按照标准操作，不仅能够有理有据，而且能够统一做法，使不同的人在做同样一件事情时能够得到完全相同的结果，从而确保操作的品质。

操作规范之五：适得其所

任何一种操作方式及操作标准都存在着合适与否的问题，我们应该心态平和地看待操作中的得失与别人的评价，并切实改进与提高操作水准。

因此，我们应该特别留意操作过程中的具体做法，用最简单的方式做出最理想的效果，在思维方式上不断创新，以求新颖独

特；在操作方法上日益熟练，以求熟能生巧。

训练小结

操作是否到位，直接关系到操作的结果。秘书应养成良好的操作习惯，从合理性和顺手这两个角度来考量，建立起适合自己同时也能提高效率的操作规范。

关键在于合理性与可行性。

训练科目 18　协调规范

训练目的

了解协调规范的基本要求，掌握协调过程的行为规范。

训练方式

项目教学、专家讲解、图书阅览、专项演练、案例研讨、分组练习。

训练方法

观摩情景电视系列教学片《秘书规范》第四辑第 18 集。

教练分段讲解，现场示范，设定模拟案例，让学生演练协调方式与方法，从中感悟与体会经验以及教训，直至掌握规范要领。

训练时间

4 课时。

训练提示

只要有人的地方，一定会有矛盾存在。而矛盾一旦产生，必须妥善处理，否则就会造成麻烦甚至酿成祸害。

对任何单位而言，都是如此。

对于协助领导处理各种关系、解决各类问题的秘书而言，更

是如此。

化解矛盾的最好方法当然是协调，而在协调过程中最好的方法则是掌握与运用规范，使矛盾各方的有关人员能够从中感受到协调者的专业性与公正性，进而接受协调者的意见与建议。

训练内容

要想创造良好的工作氛围和业绩，单位内部关系的协调是十分重要的。

在中小型规模的单位里，作为领导的助手，秘书往往还同时扮演着协调者的角色，单位内部各种关系，包括上下级关系、各部门关系、同事关系，以及单位外部各种关系，包括社会关系、客户关系、政府关系，等等，大多都会由秘书出面来进行协调，以确保单位的正常运作及其效率。

所谓协调，就是周旋于相应关系之间，建立良性互动，保持利益平衡。

无数事实证明，关系越简单越容易协调，关系越复杂越难以协调，比如协调领导之间的关系就是如此。

领导关系协调既包括秘书自己与领导之间的关系，也包括多位领导之间的关系。

应对多头领导及多位领导的关系协调时，秘书可以按照以下四项原则行事：

一是专心致志为自己的直接上司服务，首先对其负责，维护其形象，帮助其解决各类问题。在上司认可的情况下兼顾其他领导。

二是不参与领导之间的是非纠纷，不在上司面前议论其他领导，不和其他领导的助手议论是非。

三是认真做好各类文字记录，严格依照程序操作，加强各位领导之间的信息沟通和感情交流，避免产生因沟通不畅造成的误会。

四是当上司与其他领导之间产生矛盾或冲突时，帮助上司转移注意力，同时多为矛盾对方说好话，充当和事佬，化解矛盾。

从管理职责来讲，秘书与单位内各部门的主管基本属于同一层次，虽然分工与职权不同，但最终的工作目标都是一致的。如果在与各部门主管的合作过程中出现了不协调或者不愉快的现象，导致问题的发生，作为当事者一方，我们应从全局出发，放弃个人成见，避免情绪影响，充分尊重对方，积极主动沟通，努力站在对方立场上来理解对方的意图，消除对方的误解，解决对方的困难，与其和谐共事。这是秘书应有的气度与能力。

关系协调不好，必然会导致内部失调，造成各类问题的发生。有些问题也许只是简单的关系失衡，有些问题则可能隐藏真正的危机。做秘书的要善于察觉问题的根本所在，善于发现失调的深层原因，善于预料可能导致的最坏结果，并且能够及时、妥善、准确地给予协调处理，避免一般性问题恶化成为危机，只有这样，才能有效地协助上司，避免管理失控。

协调规范之一：从属协调

秘书的职责决定我们除了为自己的上司提供专业服务外，还必须在上司的领导下，协助上司进行协调与管理。这个角色既要主动，又不能越权；既要负责，又不能专权。

协调规范之二：依法协调

协调本身是一个消除分歧、化解矛盾、理顺关系、统一认识的过程，它既不能靠无原则的调和折中，也不能靠长官意志强行干预，它只能按照大家公认的原则或法律行事。

当然，规则和潜规则确实存在。

所谓规则，就是大家公开信守的规矩及原则。

所谓潜规则，则是大家私下遵循的规矩及原则。

很多领导都有这种习惯，对别人用规则，对自己则用潜规则。

很多领导还喜欢把复杂的问题简单化处理，不仅低估了问题的严重性，而且还随意做出草率的决定，导致问题更加严重甚至恶化。

针对这种情况，我们必须依法协调以显示公平，并以解决问题作为自己的正当理由。只有这样，我们才能在错综复杂的关系中主持公道，既使问题得到妥善解决，又不会因此得罪领导。

协调规范之三：平等协调

凡是需要协调的关系和需要调解的矛盾，我们都要进行认真的调查，充分考虑有关各方的立场及利益，有针对性地提出协调意见，这是协调成功的基础。

只有相互尊重，才能平等协商；只有彼此理解，才能坦率交流。即使被协调各方的彼此关系并不对等，我们在居中协调时也要同等对待。

协调规范之四：分级协调

我们在协调时应该分清职责与权限，依照职权的范围，分级做好协调，尽量避免把矛盾上交到领导那里去，尽量把各部门的矛盾在它们各自负责的范围内给予解决。

当然，对于确实重要、确实应由领导出面解决的问题，我们也要实事求是地及时汇报，并提供相应的参考建议，为领导出面协调做好服务，做好铺垫。

协调规范之五：管理协调

毫无疑问，在所有的协调方式中，最重要的和最有效的就是管理协调。

管理本身具有基本的协调功能，它是计划、组织、控制、引导的手段，与人、财、物、信息等要素整合以后的工作方法。

从管理学角度分析，管理协调有以下五种具体方法：

1. 目标计划协调。
2. 执行措施协调。
3. 工作安排协调。
4. 督促检查协调。
5. 运作节奏协调。

这些协调方法可以通过明确制度、制订程序、设立标准、稳定秩序来实现协调的目的。

协调规范之六：冲突协调

任何一个单位不可能不产生矛盾或冲突，有时候平安无事也未必是件好事，表面现象越是看上去一切正常的，越容易掩盖隐藏在深层的问题。

对管理者而言，适度的矛盾可以凸显问题，有了问题的存在，就会随之产生相应的解决方法，而方法越多，问题就会越少，单位的自我净化和自我完善功能也就越好。而且，适度的冲突也可以激活单位本身的运作，这不仅是一个单位富有活力的表现，更是一个单位提高自身竞争力的方法。

从这个角度而言，我们把适度的冲突称为良性冲突，而与此相应的协调措施就是避免冲突的程度过分以及状态恶化，掌握好适度和过度之间的平衡，使单位能够相对健康平稳地发展。

可以这样说，秘书的主要精力大多集中在冲突协调上，因为每个单位所存在的问题大多都是以冲突的方式表现出来的，而冲突往往又与以下三种类型有关。

（一）事权冲突

事权冲突是指权利分配不当，用权不当，或者权利交叠所造

成的冲突，我们可以根据不同情况采取相应措施，以达到协调目的。

凡是权利分配不当造成冲突的，应及时报告领导给予调整；

凡是用权不当造成冲突的，应以相关文件作为依据，由各权利方再行明确；

凡是权利交叠造成冲突的，应建议领导重新划分权限，明确责任。

（二）利益冲突

利益冲突是指局部与整体、局部与局部、个人与单位、个人与个人、单位与单位之间，某一方面或某一阶段的利益产生矛盾所造成的冲突。

我们在协调时，必须掌握信息动态，保持客观公正，考虑各方利益，强调利益的一致性，引导各方顾全大局与整体利益，并且用协商的方法做好各方利益的平衡，使这种冲突失去存在的土壤。

（三）情绪冲突

情绪冲突是指由某些事情引发或情绪变化所造成的冲突。我们在处理这种冲突时，一要协调冲突的表象，采用一切方法来淡化冲突，缓和对抗情绪，有效控制局面；二要协调冲突的实质，理清矛盾的性质、原因、程度以及各方的要求，最终通过相应的措施来避免冲突的发生。

介入情绪冲突中进行协调，尤其是处理那些非常情绪化甚至接近丧失理智的冲突时，我们需要用丰富的经验和高超的技巧去缓和气氛，平息怒气。

例如，用风趣幽默而又得体的话语来制造气氛以促进协调，或者巧妙地转移话题，引开注意力，寻找适当时机再做工作。

同时，我们也要控制好自己的情绪，避免出现缺乏耐心或者沉不住气所造成的冲动。如果连协调者自己都身不由己地搅和在冲突中，那就太滑稽了。

需要指出的是，当我们进行协调时，如果自己的想法与领导的指示产生矛盾时，还是要以领导的指示为准，只有在必要情况下才能对领导进行善意的提醒。

训练小结

协调是否有效，很大程度上取决于协调者的态度以及协调的技巧，而这种态度与技巧是需要通过专门训练才能获得或者有所提高的。

例如，个案模拟、角色扮演，能够使秘书设身处地地置身在这些冲突中，学会如何分别应对与处置的方法，在训练协调能力的同时，规范协调的行为，使秘书的协调工作更具有说服力和影响力。

因为行为本身的规范，是掌握及运用协调本领的基础。

训练科目 19 沟通规范

训练目的

了解沟通规范的基本要求，掌握沟通过程的行为规范。

训练方式

专家演示、角色表演、图书阅览、专项演练、情景实训、案例研讨。

训练方法

观摩情景电视系列教学片《秘书规范》第四辑第 19 集。

教练分段讲解，现场示范，组织研讨：沟通中有哪些行为规范必须遵循，包括态度、用语、举止、动作，让学生分别把它们写下来，分类与汇总，以此加深认识与印象；并安排学生分别用下述五种沟通方法逐项演练，以此体验沟通过程中的不同效果，锻炼与提高自己的沟通技巧。

训练时间

4 课时。

训练提示

秘书不仅需要成为一个良好的协调者，更需要成为一个出色的沟通者。

沟通是人与人之间交往的一种非常重要的途径或手段，沟通有效与否，直接关系到人与人之间打交道的结果。

对秘书来讲，尤其如此。

训练内容

秘书要和各色各样的人打交道，目的只有一个，就是将自己的工作做好。

与人打交道的过程其实就是沟通的过程，当我们有效沟通时，我们的工作就会有所成就；当我们的沟通发生障碍时，我们的工作就会相应受到影响。

沟通产生障碍的主要原因，在于沟通双方的思维方式、思维角度、所处立场、所在环境、所受教育、所求目的存在着差异，于是，便会出现诸如“话不投机半句多”甚至“鸡对鸭讲”的现象。

沟通中遇到障碍并不奇怪，绝大多数的沟通都会碰到这种情况，只要我们在职业行为上能够按规范行事，就一定能够有效地达到沟通的目的。

沟通规范之一：欣赏对方

对秘书来讲，既要避免矛盾引发的冲突影响沟通的效果，也要恰当地表示与对方不同的见解，还要设法说服对方，使双方能够达到一定的共识与默契。这似乎是件三难的事，但如果我们换一种心态来面对这道难题，也许就会有相当不错的答案。

这就是欣赏。

以欣赏的方式去看待对方，以欣赏的态度去与对方沟通，对对方的表现及话题乃至想法都表示出浓厚的兴趣与关注，那么，我们的内心深处就会产生一种非常微妙的感觉，这种变化不仅会影响我们自己，也会打动对方。

可以这样说，欣赏其实是一种态度，与沟通所涉及的内容无关，但是它会营造出一种适合沟通的氛围，使原本生硬甚至对立的沟通变得容易一些。

欣赏的关键是尊重，而欣赏沟通的过程则是体现这种尊重的步骤：

首先，重视对方的存在以及想法；

其次，对事不对人；

再次，将对方的不同见解或对抗的行为视为一种有趣的事情，可以用来丰富我们的思维或者阅历；

复次，试着站在对方立场，从对方的角度看问题，找出双方相同或者近似之处，对此作出明确的肯定；

最后，以双方共同点为基础，扩大其影响，以达成更多共识。

沟通规范之二：包容对方

如果说欣赏是一种态度，那么包容就是一种思想。

如果我们能够这样想：每个人所受的教育不同，所经历的过程不同，所得到的感受不同，所看问题的角度不同，所诉求的利益不同，所沟通的方式不同，这些种种不同，产生了人们在认识与见解上的差异，产生了矛盾与争拗，产生了是非与对错。只要如上述的这些想法通畅了，那么，我们对人间百态也就容易包容，我们的心胸也就容易变得坦荡豁达，也就不会计较谁是谁非。

所以，对秘书来讲，用平和的心态面对一切身外之物，把每一次相识视为一种缘分，包容与善待他人，我们就会发现，其实人与人沟通非常容易，也非常简单。

沟通规范之三：换位思考

沟通产生障碍的重要原因之一，是因为沟通双方各执己见，都认为自己正确；或者即使有一方已经意识到自己有错，但出于某种考虑，也仍然固执己见。

美国人在商务交往中往往喜欢强调这样的原则：站在对方的立场。

从对方的立场看问题，从对方的处境想问题，以对方的方式解决问题。

其实，这个原则也非常适合人与人之间的沟通，因为这个原则能够减少沟通上的反复，使问题变得非常透明，使彼此能够互相理解，使过程变得极为方便。

一旦站在对方的立场来进行沟通，各自提出建议时就会充分考虑对方的利益，各自的想法也必然会合情合理。因为双方既然想通过沟通来交往，建立某种关系或达成某项共识，那么任何一方都不会拒绝对方的诚意和善意，也不会故意挑起冲突而使沟通无法进行下去，这就是换位沟通之所以能够产生效果的原因。

运用换位沟通的方法之前，我们必须按照以下步骤行事，这样做会更有利于沟通：

第一步：明确我们的利益诉求，并且设想一下，如果我们是对方，面对这样的利益诉求会有什么样的反应。

第二步：换位思考，站在对方立场设想一下，我们会有什么样的利益诉求，会怎样表示出来，想达到什么样的目的。

第三步：将双方利益诉求的共同点与差异点做个比较，看看我们是否能够满足对方的想法，同时又能让对方接受我们的想法。彼此的底线是什么，彼此的原则有哪些。

第四步：设定沟通的具体方式，用对方最容易接受或喜欢的方式进行沟通。

如果凡事都为对方着想，不仅可以有效地避免沟通出现障碍，而且还能为我们赢得相当不错的人缘。

沟通规范之四：理解对方

真正的沟通是双方彼此理解，达成共识。要想说服对方，首

先得理解对方，这是一种态度，也是一种非常实用的技巧。

能够理解对方，意味着我们有相当的包容心和自我控制能力，意味着我们比对方更希望获得效果，也意味着我们比对方考虑得更周全。

理解并不是放弃我们自己的主张而无原则地迁就对方，更不是谁对谁错或谁占上风的博弈。如果一旦有了沟通中谁占上风谁吃亏的想法，那么理解也就失去了意义，其结果必然是某一方内心失衡，然后双方互不相让。

沟通规范之五：坦诚以待

首先，沟通是一种情感与信息的互动往来，它既需要清楚地传送，也需要准确地接收。前者意味着表达，后者意味着倾听，在这往来的过程中，只有坦诚以待，才能使沟通保持顺畅。

坦诚不是刻意地去迎合对方，而是有一说一，不隐瞒，不掩饰，不虚伪，不夸张，不故弄玄虚，不巧言令色。

要想达到坦诚沟通的效果，秘书首先要调整好自己的心态，只有心态放松，才能表现自然。

其次，想好了再说，既说出深思熟虑的话，也说出内心真实的感受。前者是让对方知道我们所要表达的意思，后者是让对方感受到我们坦率的态度。

再次，对对方的想法给予理性思考和感性回应，因为只有积极地互动交流，才会对沟通产生有益的作用。

最后，自始至终保持我们的知性，使理智的沟通多一些轻松、诙谐、有趣的气氛。因为沟通的氛围和沟通的态度对沟通的效果非常重要。

训练小结

对于秘书来讲，沟通的对象并不重要，但沟通的态度却非常重要。因为只有态度端正了，而且站在对方立场，为对方着想，沟通才会事半功倍。

因此，秘书需要认真揣摩沟通过程中的每个环节和规范要求，以此提高自己的沟通能力，使沟通成为我们最具人格魅力和专业素养的交流工具。

训练科目 20　交接规范

训练目的

了解交接规范的基本要求，掌握交接过程的行为规范。

训练方式

专家演示、角色表演、影像观摩、专项演练、模拟操作、情景实训。

训练方法

观摩情景电视系列教学片《秘书规范》第四辑第 20 集。

教练分段讲解，现场示范，学生两人一组互相演练，直至掌握规范要领，做得像模像样，动作娴熟。

训练时间

4 课时。

训练提示

秘书上任或者离任，都会涉及工作交接的问题。

众多案例证明，秘书上任交接往往都做得比较到位，但对离任交接却不够重视。

如何善始善终，表现出秘书应有的职业素养，这是十分值得重视的问题。因为秘书在交接过程中的规范操作，不仅反映秘书是否具备良好的职业素养，同时对于保持秘书工作的延续性也非常关键。

如果秘书能够在工作交接上做到严谨、细致、周到，那么其专业指数就能大幅上升。

训练内容

在秘书规范中，交接是一项比较特殊的内容。

秘书之间的工作交接既是一种职责的转换，也是一种任务的交接。

交接规范之一：填写清单

交接清单分两种：一种是对有关事务的处理交代，另一种是对有关物品的清点验收。

这两份清单通常由移交者事先准备，逐一填写后与接手者逐项确认。如果移交者未能做好此项前期工作，那么接手者务必主动予以弥补，并且坚持与移交者就清单上的内容逐一核对，以免失责，将来给自己造成麻烦。

事务移交清单内容包括：已经处理（附补充说明）、正在处理（附特别说明）、即将处理（附事先说明）、相关建议和提示。

物品移交清单内容包括：物品编号、物品名称、物品数量、物品状况、存放场所、物品使用者、保管者或责任者，相关备注或说明。

上述清单一式两套，移交者和接手者各持一套，作为核对及移交凭证。

交接规范之二：清点物品

物品交接比较简单，只是有些烦琐，因为物品交接涉及逐一验收和清点，尤其是物品存放的地点以及使用的状况，都要现场

查看，一一点收，认真细致，不清楚的地方宁可停下来问清楚、记明白，避免任何的疏忽与疏漏。

清点交接物品的过程，既便于移交者逐一介绍情况，也便于接手者逐步了解与掌握情况。

毫无疑问，交接是一种责任的转移，交接前由移交者负责，交接后则由接手者负责，双方以签字交换清单为界。

而交接过程中所发生的问题则仍由移交者负责。

交接规范之三：了解事务

事务交接分为已经处理、正在处理、即将处理三种类型。

对于已经处理的事务，接手者要向移交者做简单了解，以便一旦涉及此项事务时能够做到心中有数。

对于正在处理的事务，接手者要特别予以重视，因为保持秘书工作的一致性、延续性、完整性是秘书应尽的职责，也是秘书的基本素养。

我们不能因为两者交接的原因影响事务的正常处理，更不能因为两者的个人原因而使正在处理的事务出现两种截然不同的处理方式。所以，接手者要向移交者做详细了解，尤其是必须问清楚处理方式，对有疑问或敏感的问题还要特别标注，当场了解或随后咨询，确保有关事务得到应有的正常处理。

对于即将处理的事务，接手者稍做了解即可，但对移交者事先做的准备则要多加注意，能够借鉴利用的当然不要忽视。

重要的是透过移交者的交代，接手者应基本了解与把握领导的处事原则和处事风格，知道以何种方式为领导服务，配合领导开展工作。

在交接规范中，难度较大的当属事务交接，因为我们很难界定事务处理到了何种程度，采用什么标准，尤其是那些正在处理的事务。

但如果接手者和移交者彼此理解，沟通良好，既不厌其烦，又简明扼要，交接时互相配合，交接后保持联络，就能够确保事务交接井然有序。

根据事务清单，移交者必须逐项向接手者做简要交代，对接手者的疑问及困惑进行详细解释，帮助对方通盘了解与掌握所有事务，为其提供必要的资料与信息乃至经验，并且承诺在今后一段时间内仍会尽力予以协助。

交接规范之四：签署清单

事务交接及物品清点时，对双方确认的内容逐项或逐页签名认可，接手者在自己手持的清单上签名，并提醒移交者在其手持的清单上签名。

在两份清单的最后一页结尾处务必注明下列文字：

上述内容经双方核实，确认无误。

双方共同签名及签署日期后，彼此交换清单，各自持有一套由对方签名确认的清单，以作凭证。

交接完毕，双方握手，以礼示意，感谢配合。

在交接过程中，接手者对移交者的尊重与求教是非常必要的，只有得到移交者的充分帮助，接手者在以后的工作中才有可能比较顺利。

在交接过程中，移交者对接手者的帮助与辅导也是非常必要的，只有得到接手者的充分理解，移交者在以后的工作中才有可能减少干扰。

需要提醒的是，交接过程要尽可能精简，在保证交接质量的前提下强调效率，以免影响秘书工作的正常运作。

训练小结

为了确保交接工作的顺利进行，事先可以将所有和秘书工作有关的内容做成备忘录，考虑周全后再去和对方进行交接。这种准

备是非常必要的，它有助于我们理清头绪，发现问题，引起重视。

当然，最重要的还是交接完毕后必须签字，否则各自的责任就无法界定。

所以，规范操作实属必要。

第五单元　外务规范

秘书工作事无巨细，都与独立性和合作性有关，在和领导及同事共事中，秘书从具体事务到统筹事务，都应养成良好的工作习惯。

特别是处理对外事务，比如交往、迎送、考察、安排、出差等，秘书更需要按照礼节的程序与标准操作，否则，任何掉以轻心的处理，都会给秘书的职业形象乃至单位形象带来负面影响。

训练科目 21　交往规范

训练目的

了解交往规范的基本要求，掌握交往过程的行为规范。

训练方式

专家演示、角色表演、影像观摩、模拟操作、情景实训、案例研讨。

训练方法

观摩情景电视系列教学片《秘书规范》第五辑第 21 集。

教练分段讲解，现场示范，设置模拟场景，进行分组演练，随时点评指导。

训练时间

2 课时。

训练提示

交往规范所强调的是秘书在交往过程中如何根据交往内容来把握态度、举止、行为的分寸，尤其是在工作中和领导的交往，事关秘书的职业表现，更加不能掉以轻心、随心所欲。

凡是正常的交往，都与礼节及细节有关，因此，交往规范的关键就在于有礼有节。

训练内容

作为领导的重要助手，秘书担负着传达领导指示、落实领导要求、协助领导工作的重要任务。

所以，我们在和领导共事及交往的过程中，必须尽职尽责，做好秘书的本分。

交往规范之一：多请示

领导的权威是需要秘书随时随地提醒与衬托的。

事无巨细，只要领导不嫌烦，多请示多汇报总不会有错，至少我们能让领导觉得他自己非常重要。

当然，凡事皆请领导定夺，也是我们避免失误与犯错的方法之一，尤其是那些凡事皆求完美的领导，这样做也能让我们省心许多。

交往规范之二：常照顾

照顾领导在工作时间内的生活是秘书理所应当的职责，它虽然不像照顾饮食起居那样体贴入微，但属于人之常情内的部下关心上司的用心和做法，仍然是不可或缺的。这种关心及照顾仅限于工作范围之内，仅限于上下级关系之间，与感情无关。

交往规范之三：勤干事

分内事尽责去做，分外事主动去做，以积极、勤奋、踏实的工作表现，为领导减轻工作负担，秘书和同事之间的互动交往是确保秘书工作有效性的重要手段，虽然从表面看，秘书工作具有很大的独立性，但仔细分析一下，如果没有有关部门及有关同事的有效配合，秘书根本无法开展工作。无论是收集民意转达给领导，或是把领导指示转达给下属，还是协调与监督有关部门落实

领导指示，我们都离不开同事们的积极配合和支持。

所以，身为秘书，我们理应比别人有更大的包容性、忍耐性与协调性，去与同事们交往。

交往规范之四：多用心

除了协助领导及从事本职工作外，其他时间里，我们应把心思与关注放在同事们身上，并且表现得非常主动。

例如，邀请同事们喝喝咖啡，抢先买单，或者帮助同事们解决一些实际困难，等等，这些举动很容易赢得同事们对我们的好感。

和同事交往，无论什么形式什么场合，我们始终都要热忱相待。在这里，表现是其次，用心才是关键。

交往规范之五：少张扬

和同事交往时，谦逊、谦虚、谦和这“三谦”必不可少，因为秘书这个职业和“谦”字关系密切。很多时候，不耻下问，虚心求教，反而更容易获得同事们的尊重。

每个人都有强烈的表现欲望，和同事交往时，如果我们能够表现得内敛一些、低调一些，让同事们多展现自己的一些想法与才干，以此来满足同事们的成就感，那么我们肯定能够获得同事们的倾心相交。

要得到同事们的认同乃至信赖，我们必须让自己的工作表现非常专业。因为只有专业，才能使同事们心服口服，才能使同事间的交往变得单纯。

在这里，交往的内容并不重要，重要的是我们在交往过程中所表现出来的专业素养和专业表现。

交往并不是泛泛而谈，即使君子之交淡如水，我们也有必要把一些交往内容择其要点记录下来，因为这些看似不起眼的随意交往，很可能会在我们今后的工作中产生积极甚至非常重要的作用。

在秘书的职业生涯中，绝大多数交往其实都有一定的意图与利用价值。联络感情也好，交流信息也罢，甚至有事相求，或者萍水相逢，既然有所交往，我们不妨做个有心人，用笔记录一下，说不定日后就会为我们带来很多有利的机会。

交往规范之六：多礼貌

与外人交往时，出于某种可以理解的原因，人们总是会格外关注秘书的言行举止，所以，随时随地，我们都要保持一个良好的状态。

凡是职业人士的职业表现，人们都会表现出莫名的尊敬。从这个角度出发，我们与人交往时，举手投足乃至待人处世，始终都要表现出职业人士的特点。

交往规范之七：少功利

交往本身是一种情感交流，虽然它或多或少带有一些功利性，但如果我们太在意这一点，并以此作为交往的目的，势必会显得十分庸俗，进而影响交往的正常进行。

因此，即便是有明显功利性的交往，我们也要尽量淡化其功利性，突出其友谊性，不然就变成了赤裸裸的交易，交往时往往连一点回旋的余地也没有。

正确的做法是，用真诚取代客套，用商量取代计较，用关照取代生疏，用友情取代礼貌，让对方在交往中体会到超越功利的切身感受。

训练小结

交往看似随意，其实大有讲究。为什么有的人很有人缘，有

的人却和别人格格不入，皆因每个人的主观努力和交往能力都有所不同。

对于秘书而言，具备出色的交往能力固然好，但如果缺乏这种能力也没关系，只要我们在主观上多加努力，将与人交往当做一项工作来做，始终以职业性表现来和人打交道，即使我们内心另有想法，我们仍然能够获得专业的评价。

训练科目 22　迎送规范

训练目的

了解迎送规范的基本要求，掌握迎送过程的行为规范。

训练方式

专家演示、角色表演、影像观摩、专项演练、模拟操作、情景实训。

训练方法

观摩情景电视系列教学片《秘书规范》第五辑第 22 集。

教练分段讲解，现场示范，并设置模拟场景，让学生反复演练，直至掌握规范要领，做得像模像样，有板有眼，动作娴熟，形成习惯。

训练时间

4 课时。

训练提示

和外界打交道的过程中，迎来送往可谓家常便饭，它既体现着公关理念，又体现着职业特点，还体现着礼节标准。因此，无论客观条件如何，也无论对方身份怎样，我们在迎送时都应恰如其分地表现出应有的规矩。

训练内容

迎送规范之一：一视同仁

无论来宾身份地位如何，我们都应一视同仁，不能有明显的亲疏之分。

例如在车位安排上，主人坐在司机身后，来宾坐在主人右侧，以遵循“左为下，右为上”的礼仪原则，翻译或秘书则坐在司机旁副驾驶座，这种礼节上的做法约定俗成，不能因人而异，除非来宾坚持，否则不可破例。

也有一种说法认为，司机后座最安全，所以是宾座，其右侧则是主座。但这样安排，来宾势必得绕行至车辆左后门处上下，对于左驾右靠的车辆来说，的确既不方便也不安全。

因此，最稳妥的方法是请主宾自己选择座位，然后再依此决定相应位置。

上车时应请来宾先行，主人随后，秘书则在最后。主宾双方分别从两侧车门上车，秘书应为来宾打开右侧后车门，一手遮挡车厢上沿，以免来宾不慎碰撞；另一手则以伸手示意，礼请来宾上车就座。

迎送规范之二：一以贯之

迎送的规格及程序应与来宾的身份地位所享有的待遇对应，并且保持迎送规范的一贯性，这样做既体现了对来宾的重视程度，也表现了令人称道的接待水准。否则，对相同的客人，在不同的状态下给予不同的接待标准或者迎送标准，必然会使客人产生误会。

迎送规范之三：以礼相待

对于远道而来的来宾，一般由秘书代表领导或安排专人到机场或车站迎送，并协助来宾办理入境或入住手续。

如果是重要来宾，迎送过程通常比较郑重其事，以示尊重与重视。一般由领导迎送，秘书是否陪同随行则由领导决定。

来宾抵达后，一般不要为其安排活动，而应让来宾稍事休息，并事先在来宾房间内摆放新鲜水果和鲜花，以示礼遇。

为来宾安排相应的宴会或应酬活动是必要的，这一方面可以融洽气氛，另一方面也可以显示接待方的重视程度。宴会的标准以及安排事项，秘书应事先拟订方案呈报领导，获其同意后给予落实。

迎送规范之四：酌情而定

在用车等级及仪仗规格方面，应根据来宾身份和地位进行安排，比如警车开道，全体迎送，礼仪小姐或少年儿童献花。

不同等级、不同身份应有不同的接待标准，根据来宾的身份和地位，确定相应的接待规格和接待标准是非常必要的。恰如其分地迎送及款待来宾，使对方既不会因为降格以求而心有不甘，也不会因为过分抬举而受宠若惊。

量身定做迎送规格，恰当反映接待水平，这也是对秘书专业水准的考量。

商务活动中的迎送与社交活动中的迎送有所不同，前者在商言商，注重商业性质与效果，讲究程序与标准；后者知礼行礼，注重社交礼节与氛围，强调形式与规范。正因如此，我们通常把社交活动纳入正式的迎送规范，而把商务活动纳入非正式的迎送规范。

正式的社交活动在迎送规范上要求比较严格。比如主人和客

人之间握手致意后，通常都会安排一些社交性的会谈或会见，社交活动的主题或高潮通常都是宴会或舞会，进场与散场时，主人必须站在门口，礼数周到地迎来送往。

尤其是邀请政府领导出席某项重要的商业活动或者社会活动，更需要事先做出非常周详的安排，对那些身份地位特别重要的人，在迎送规格、标准、方式等方面必须面面俱到，重点照顾，专人伺候。

而商务活动在迎送规格上相对比较随意，不必太拘泥于礼节，只需点到为止，以成效做结论。

总之，在重要的迎送开始前，我们必须事先安排，为所有程序性的工作设定专业性的格式化规范。而在迎送过程中，我们则需要随时关注与监督，按照顺序依次执行相关细节以及标准，并且根据实际情况随时做好适当调整。

训练小结

迎送是否到位，不仅需要态度，还需要技巧，因为只有态度和技巧相结合，才能使整个迎送过程符合礼仪规范，同时也能为企业树立良好形象。

当然，在整个迎送过程中，秘书的一举一动都需要成为一种典范。秘书作为迎送的具体操作者，在这方面做到位，就能确保整个迎送达到高质量的效果。

训练科目23　考察规范

训练目的

了解考察规范的基本要求，掌握考察过程的行为规范。

训练方式

项目教学、专家讲解、角色表演、影像观摩、专项演练、模拟操作。

训练方法

观摩情景电视系列教学片《秘书规范》第五辑第23集。

教练分段讲解，现场示范，并设置考察项目，通过角色扮演，模拟演练，训练学生掌握规范要领。

训练时间

4课时。

训练提示

考察是一项系统工程，它涉及方方面面的事情，从考察的前期准备、联络、落实，直至实施，到考察后期的总结评估，整个过程都需要秘书亲力亲为地去做。如何圆满完成考察任务，关键在于把其中每个细节都做到严谨规范。

训练内容

考察本身是一种预谋，秘书的工作就是用程序来为考察确立一些实施标准，使考察本身能够成为充分了解对方并且据此做出正确决策的有效手段。

当然，并不是所有的项目都有商业价值，也不是所有的项目都必须劳师动众地进行考察。在实际工作中，掌握这两个尺度是很重要的，同样的时间成本和人力资本，可以创造更大的价值，如何取舍自然要再三斟酌。所以，确定考察项目是第一要素。

考察规范之一：确定项目

一个项目是否有必要进行考察，往往取决于三种因素：一是规模较大；二是风险较大；三是把握不大。至于那些凭借经验甚至直觉就能定夺的项目，或者无关紧要的项目，则只需做些前期的市场调研，看其可行性如何，完全没必要到对方那里去一探究竟。

考察无外乎两种起因：一种是，双方通过实质性谈判，就某个合作项目达成共识，双方有必要互相摸底，察看虚实。这是目的性非常明确、对象也已确定的考察。另一种是，我们要投资某个项目，但是缺乏经验，或者希望寻找恰当的合作伙伴，于是我们就在这一行业中寻找合适的对象。这种寻找的本身就是考察，通过考察来寻找合作者，同时在这个过程中顺便知道更多的情况，掌握更多的资讯，使我们对投资项目有更清晰的了解。

秘书的职责就是根据项目的特点，选择和确定考察的项目、考察的内容和方法，然后向领导提出具有可行性的书面建议。

考察规范之二：落实对象

在落实考察对象时，我们应该在相关行业中寻找领先者和成功者，而且对方确实具有值得参考和借鉴的价值，对方的实力也能够有助于项目的实施。

考察规范之三：明确方式

使用合适的方式，必然会有合适的结果。但说法上的不同，则或多或少会影响到考察的结果。

例如，同样是商务考察，上门取经就显得比较谦虚，共同探讨就显得比较学术，交流经验就显得比较平等，实地考察就显得比较含蓄，调查研究就显得比较强势。

重要的是采用对方能够接受并且乐享其成的方式，并且把我们的考察动机告诉对方，让对方帮我们出主意，因为对方的经验很可能就是我们的考察目的之一。

考察规范之四：制订计划

一份完整的考察计划包括考察的主题、目的、时间、地点、对象、内容、人员、程序、安排、重点、费用、管理、汇报、总结。

我们所要做的工作就是逐项填写，使之成为一份程序性和操作性的文件。

考察规范之五：做好准备

在考察前进行预演是非常必要的，事先了解考察的内容以及考察中必须关注的情况、必须提出的问题，这对提高考察的质量很有帮助。

而对于被考察一方来讲，事先做好接待考察的准备，使考察的过程无可挑剔，同样也能够提高被考察的质量，有助于考察本身顺利地进行。

在这里必须强调的是，无论考察方或被考察方，详尽周密的

事先准备工作都是必不可少的，任何敷衍了事的应付只会坏事，绝对无助于合作的成功。

即使不是亲力亲为的运作，但秘书仍然有义务与责任替领导考虑周详，同时做一些必要的检查，防止问题的发生。因为秘书很可能会全程参与考察过程，任何一点疏漏，都有可能让我们陷于被动与难堪的境地。

考察规范之六：分配任务

分配考察任务意味着专人负责的有效性，很多考察为何最终虎头蛇尾，不了了之，关键就是有关人员对自己的考察任务不甚了解或不够清楚。只有把任务具体分解，落实到相关责任人身上，成效才会非常明显，而且领导会认为秘书很有组织能力。

我们讲的落实，就是将每一项具体内容交付给指定的人士去完成，最后再由专人负责将全部内容的落实情况进行整合与总结。

考察规范之七：设计预案

无论事先计划得如何周详，也无论考察时做得多么认真，考察过程中仍有可能发生一些意料之外的事情，这就需要我们尽可能对问题考虑得周到一些，同时对意外发生后的应变和紧急处置也要有所预案。

考察不是走马观花，也不是泛泛而谈，而是为解决一个具体问题、落实一项具体措施所实施的一种具体行动。

在考察过程中，凡是涉及对方核心机密的内容，我们通常不太容易接触与了解到，但如果我们能够以诚相待，尝试站在对方的立场上来看待此事，换取对方的理解与支持，我们就可能知道得更多一些、更深一些。

考察规范之八：提供建议

站在秘书的角度，协助领导完成各类考察任务，意味着我们必须付出很多心血。俗话说：耳听为虚，眼见为实。

在考察过程中，我们要避免受到对方假象的影响，从而做出最接近事实真相的判断。当考察结果有可能出现两个完全不同的结论时，我们应该明辨是非，做出一个正确的建议，提供给领导来做最终的决断。

所以，由此及彼，由表及里，去芜存菁，去伪存真，这既是秘书应该具备的本领，也是秘书在考察过程中所要遵循的原则。

考察规范之九：保持形象

当然，秘书在考察过程中，得体的打扮，优雅的举止，谦逊的谈吐，恰当的应对，也是非常重要的。考察不仅是在了解真相，也是在展示考察者的专业素养。

从这个意义上来讲，考察的全过程必须设定一个规范化的程序，为每位参与者甚至每个关键环节做一些明确规定，以此确保考察任务的圆满完成。

总而言之，对于考察，事先要周详安排，过程要积极参与，结束后要限期拿出总结报告或建议书，这就是秘书的工作。

训练小结

在考察过程中，秘书始终是一个被动者，但被动并不意味着不需要规范，秘书的行为举止很容易受到别人的关注，而且很容易成为对方衡量或者评估我们是否有实力、有能力的标尺。因此，秘书在整个考察过程中，必须表现得非常职业、非常认真。

训练科目24　安排规范

训练目的

了解安排规范的基本要求，掌握安排工作的规范要点。

训练方式

项目教学、专家讲解、角色表演、案例研讨、分组练习。

训练方法

观摩情景电视系列教学片《秘书规范》第五辑第24集。

教练分段讲解，现场示范，并布置模拟项目，让学生各自进行"纸上谈兵"，做出安排方案，然后随机抽样，互动研讨个案，分别进行点评，帮助学生掌握规范要领。

训练时间

4课时。

训练提示

如果说预约主要是为领导安排日程，那么，安排则侧重于会议、会谈、活动、仪式等系统性工作的要求。

安排规范主要强调两个方面：一是策划；二是预演。也就是说，秘书在安排时必须为整个过程设定相应的范围、程序、环节、内容、标准、要求、人员等，使之既具有可行性，又具有规范性。

训练内容

在秘书的日常工作中，安排是一项经常性的、要求非常严格的工作事项。

领导经常会向秘书交代某些事务，秘书处理这些事务前通常要做些安排。因此，我们必须听清领导的指示，了解领导的意图，对有关内容进行记录，对重要细节进行核对，力求准确无误。

只有了解与把握领导的意图，我们才有可能对这些安排工作做到胸有成竹。

事先安排对于一件事务的正常运作是非常重要的，准备充分好过临时抱佛脚。而对秘书来讲，养成凡事都事先做好周详安排的习惯，则更为重要。

凡是和秘书工作有关的事务、活动、会议，我们事先都得按照规范要求做好相应的安排。

事务安排规范之一：准确分类

秘书不仅要有良好的安排习惯，同时也要能够在第一时间做好准确的分类。因为安排属于案头工作，我们一旦接到上司交办的事项后，首先需要分类，以此来确定该事项属于何种事务类型，需要用哪种相应程序进行操作，然后再根据专业要求和经历经验，理出一个大致可行的安排顺序。

事务安排规范之二：依例行事

安排既可以按部就班式地依照惯例行事，也可以别出心裁地在内容上增加些新意。但就程序而言，它仍然必须一步接一步地进行，绝对不能打乱甚至颠倒，否则就会乱套，使得相关人员无

所适从。

安排的本身属于常规性事务，所以我们完全可以依据过往经验，按照过去已经成型的安排模式进行操作。

例如，和有关部门及有关人士进行沟通，了解或者核实有关数据与信息，落实或者确认某些可能与必需的内容。

事务安排规范之三：制订图表

根据分类结果，将安排的程序、相应的内容、有关的人员、明确的要求、注意的事项等安排的具体结果，形成相应的文字或图表，也就是安排程序表，然后将其打印成文，请上司核准，或和有关部门进行确认，最后落实安排。

事无巨细，均需安排。唯有安排，才有条理。

日常事务或例行事务的安排，熟能生巧，自然可以简化处理。但若是项目或者各类活动，则必须在事先做好全面、周详、充分的安排，因为内容繁杂，牵涉众多，不如此行事，一定会乱套。

事务安排规范之四：重视礼节

企事业单位举办的各种活动，很多是由秘书来负责策划、安排甚至筹备的。

凡是与单位形象有关的活动，我们在安排时都要充分考虑礼仪规范，按照礼仪要求行事，准确无误地安排整个活动的程序，这一点尤为重要。

活动安排规范之一：充分准备

企事业单位的应酬与交际活动，通常都是由秘书根据领导要求来安排的。

无论什么活动，其实都有着联络感情的目的，都体现着主办方的公关理念，也反映着我们的礼仪水准以及组织能力。

要想使各种活动井然有序，妥帖圆满地举行，事先的认真安排和过程的有效控制同样重要。

而在这中间，标准化运作非常关键。

活动安排规范之二：拟订方案

在安排活动时，按照标准程序做一份详尽完整的方案，如有必要，还应该提前到现场进行了解与安排。

所有安排的环节和细节都可以用清单的形式写下来，以便一一落实。包括活动的规模、场地、时间、人员、分工、费用、物品、礼节、程序、重要人员的发言内容、必须加以重视的要点，逐项标明，明确时间及细节。

这份清单的格式包括：

第一栏：活动项目或任务；

第二栏：确认或完成的情况；

第三栏：有关备注或提示；

第四栏：相关负责人员；

第五栏：必须完成的工作。

作为秘书，我们必须设想及预料到活动过程中所有潜在的或可能发生的问题，在问题发生之前就准备好一整套有效的应对措施和解决方法。

活动安排规范之三：进行确认

当上述这些细节得到充分关注和妥善处理时，我们还应该给予有效的确认。

也就是说，在活动举办前，通过电话、电邮、文件或例会的方式将已经领导批准的方案通知有关部门及有关人员。然后，依照活动方案上的安排开展工作，逐项落实到相关人员分别完成，

全程督促及指导直至活动结束。

活动安排规范之四：项目管理

凡是重大活动，均应采取项目管理模式，以倒计时方法将所有安排内容做成一张图表，即项目进度表，逐项明确时限、要求、负责人、完成进度、备注，然后张贴公示，让有关人员全都能够清楚地看到并积极落实，通过这种方式来确保活动的如期正常进行。

必须强调的是，基本程序、特殊要求、操作标准，这三项在安排中一定要交代清楚，尤其是专人负责和时限要求，必须明确。

活动安排规范之五：实施流程

秘书作为统筹安排和居中协调的重要角色，在安排过程中要将相关内容以文字形式固定下来，如有必要，不妨设计一个运作流程及操作标准体系。

所谓流程，是一件事务自始至终最为合理也最有效率的过程。从起始到结束之间，我们必须用最合适、最高效、最节俭的评估标准来设计和确定一个最佳的做事顺序，使每个环节的设置、作用、内容、操作程序、执行标准都做到井然有序。

会议安排规范之一：准备文件

凡是需要领导关注或者表态的会议文件，一般都由秘书起草或者执笔完成，而涉及程序性或记录性的会议文件，则可以由其他工作人员去做，这样分工可以适当减轻我们的工作压力。

但所有会议文件的审核与定稿在送呈领导签发之前，仍然应该由我们秘书负责把关。

会议安排规范之二：落实会务

1. 协助或监督会议签到处的工作。
2. 指派有关人员陪同嘉宾或与会者入席。
3. 陪同领导或代表领导接待与会者。
4. 指派专人负责会议记录或录音工作。
5. 指派专人负责摄影或摄像工作。
6. 指派专人负责会场内外的保安或保洁工作。
7. 指派专人负责座位安排和席位卡放置及环境布置工作。
8. 满足重要与会者的特殊需要。
9. 收集信息打印简报分发给与会者。
10. 协调会议过程中的各种关系及各项活动。
11. 会议中发生意外的应对及应变措施等。

若是国际性会议，还需配备翻译，在这一点上，安排时必须事先考虑。

会议期间的住宿、餐饮、用品、礼品、旅游、财务结算以及票务，也都在会议事务之列，安排时同样需要考虑周到，加以明确。

会议安排规范之三：做好善后

一次会议能否有始有终地进行，善后工作非常重要，它包括以下一些内容：

1. 与会人员的送行。
2. 会议现场的收拾。
3. 会议用品的归位。
4. 会议经费的结算。
5. 会议精神的传达。
6. 会议决议的落实。

上述这些工作在安排时都应井井有条、一丝不苟，专人负责，限时办结。

所有会议事务的安排应逐项形成文字，呈报领导核准后，用文件或电邮方式知会相关部门及相关人员。

训练小结

安排是否妥当，除了事先周详考虑，以及对情况和信息的掌握之外，秘书还要遵循一个原则，那就是“复杂的问题简单化处理”，一切安排均以简明扼要、恰到好处为标准。

以这样的原则来处理，安排工作就一定能够做到完美无缺。

训练科目25　差旅规范

训练目的

了解差旅规范的基本要求，掌握差旅过程的行为规范。

训练方式

项目教学、专家演示、角色表演、影像观摩、模拟操作、情景实训。

训练方法

观摩情景电视系列教学片《秘书规范》第五辑第25集。

教练分段讲解，现场示范，指导学生模拟差旅过程，应对各种状态，并以各种问题测试与训练学生妥善处理有关问题的本领，以此积累间接经验。

训练时间

2课时。

训练提示

对秘书来讲，因公出差未必是件苦差事，我们完全可以把差旅办成一件既能借以休闲放松身心，又能顺利完成任务的两全其美的好事。

秘书的出差往往会比一般人的牵扯性更大，尤其是涉及领

导，这种关系的处理就会变得更加特别，所以我们有必要对每个细节都考虑得非常周到，准备得非常充分。

一旦出差在外，秘书既要独立面对社会百态，独立应对各种意外，独立处理各种问题，还要确保上司的日常工作不会因秘书的差旅而受太大影响，这种内外兼顾的职业能力是需要进行专门训练才能具备的。

训练内容

秘书除了陪同领导出差之外，也有可能会单独出差，而这种情况通常都是缘于领导有所不便，或者不必亲自出马，所以才会让秘书代劳。

出差通常包括考察、洽谈、签约等环节，秘书只要按部就班地努力去做就行。但是，在当今信息爆炸时代，如何运用自己的经验和能力来辨别与取舍，从中获取有价值或有用的信息，这是秘书更应重视的问题。

所以，秘书在出差前应做好充分准备，这种功课做得越完备，出差时就越能够胸有成竹，越能够随机应变，越能够把握得当。

差旅规范之一：了解目的

对领导而言，能够指派自己身边得力的助手出差，足以证明这个出差任务十分重要，非自己的秘书不可。

所以，我们在受命时应做好相关记录，并要弄明白出差的具体时间、地点、任务、要求、注意事项等，凡是不清楚的地方，我们务必当场请教，不耻下问。

只有充分了解出差的目的与内容，我们才能够完成好领导交办的差旅任务。

差旅规范之二：安排人员

对秘书来讲，出差意味着在此之前所进行的许多工作要暂停，而暂停的时间则由出差的时间所决定。为了不至于影响正在进行中的工作，事先向有关人员移交、交代、委托、授权相关的工作是十分必要的。这些事先的安排，能够保证相关部门在运作过程中不会因为我们的出差而受到不利影响，同时也能保证秘书工作的稳定性和连续性，保证领导的工作能够正常进行。

重要的是，除了无法替代的机密工作之外，其他暂时转交的事务都必须落实到专人身上，使其责无旁贷地承担起相应的责任，避免出现权责不清甚至混乱的局面。

除了办公事务移交，凡是秘书管辖的工作范围内所有的工作内容，如有必要，我们都应指定专人代理，待我们出差结束返回单位之后，再逐一收回这些工作以及权限。

差旅规范之三：预支费用

出差自然会涉及经费问题，向财务部门申请预支出差经费，也是出差前的准备工作之一。

按照财务管理规定，先预支，后报销，都须经过有财务审批权的主管领导批准。

秘书出差时的待遇规格由领导决定，或按所在单位财务规定标准执行。但如果秘书所享受的待遇有可能影响到单位形象甚至声誉，则应适当调整，使之能够与所在单位的实力和秘书的身份相符合，这一点应该得到领导的认可。

差旅规范之四：注意形象

毫无疑问，秘书代表着所在单位的形象。因此，我们在出差过程中的行为举止必须非常得体、非常规范，表现出一种训练有

素的职业素养。

差旅规范之五：保持联系

到达出差目的地，安顿好自己的住宿，稍事处理一下个人事务，我们首要的任务是向领导致电，报告行踪，然后与出差所要涉及的对方取得联系。

差旅过程中，我们应随时保持与领导的联系，这既是为了让领导了解与掌握我们的动态，也是为了保障秘书自己的人身安全，更是为了及时知晓领导的指示。

差旅规范之六：完成任务

出差最重要的事情还是工作，只有完成了领导交办的任务，我们才能不虚此行，不辱使命，圆满交差。

因此，我们必须把全部精力放在出差任务上面，在整个差旅过程中做到全力以赴，百折不挠，以最短时间、最少开支、最佳方式、最好结果达成差旅目的。

差旅规范之七：调剂身心

不可否认的是，差旅在某种程度上可以说是一次精神上的放松之旅。在差旅过程中适当放松自己的神经，愉悦自己的心灵，绝对是一件非常惬意的事情。

差旅次数越多，所到的地方越多，越能够帮助我们增长见识。

反过来，这也会积极地影响我们待人接物、处事的态度和方式。

出差办事之余，适当调剂一下自己的生活，放松一下自己的情绪，忙里偷闲地做一些让自己身心愉悦的事情。比如，利用出差间隙与同学朋友相聚，或是顺便在当地游山玩水，都是非常惬意的事情。

事实证明，经常出差有助于提高秘书的职业素养和职业能力，而差旅过程中的游历则有助于提高秘书的职业荣誉感和责任感。

正是在社会环境中的耳濡目染与感同身受，秘书的水平与境界才能从中得到有益的熏陶和提升。

训练小结

出差看起来只是被动地去完成领导交办的差事，但实际上它却是对秘书职业素养和职业能力的一种展示、考验和修炼，是一种变换了环境，但更强调结果与效率的工作。

因此，我们千万不可等闲视之。

第六单元　业务规范

做一件正确的事，比把一件事做正确更重要。但对秘书来讲，做正确的事和把事做正确，同样重要。

秘书和行政人员的最大区别就是，秘书能够运用自己的专业经验和职业能力，通过环境、设备、人士、客户、公关等方面的规范处理，在硬件和软件上创造一个良好的工作环境。

训练科目 26 环境规范

训练目的

了解环境规范的基本要求，掌握环境管理的行为规范。

训练方式

专家讲解、资料展示、现场观摩、影像观摩、模拟操作、情景实训。

训练方法

观摩情景电视系列教学片《秘书规范》第六辑第 26 集。

教练分段讲解，现场示范，并提供模拟环境或图片，安排学生设计室内布局和设施配置与摆放，直至掌握规范要领。

训练时间

2 课时。

训练提示

营造一个良好的工作氛围是秘书的主要任务之一，秘书可以通过办公环境或者说工作环境的色彩、声音、布局、摆设、气候等诸多元素的调节或者安排，刻意营造一个既能提高工作效率，又能愉悦身心、激发创意的氛围。

训练内容

我们这里所说的环境，主要是指办公环境，即办公室的朝向、布局、色彩、光线、声音、气味、布置等因素构成的综合氛围。

对秘书来讲，所处的办公环境分为两种：一种是现成的办公室。我们入职的时候，里面一切早已定型，我们只能努力去适应。另一种则是一张白纸，上面一无所有，需要我们从头开始筹备。

有难度的当然是前者，有挑战性的当然是后者，因为前者考验我们的适应能力，后者则考验我们的专业能力。

营造一个良好的办公环境与工作氛围，这是秘书的主要任务之一。因此，我们应该成为办公环境专家，以自己的专业经验协助领导，设计出一个具有专业水准的办公室，让所有在里面工作的同事既能各得其所，各取所需，又能共同分享合作共事的乐趣，更能有效促进办公效率。

环境规范之一：合理布局

办公室内的布局应该按照工作流程和职位来进行安排，讲究合理有序，错落有致，功能清楚，互不干扰。

在空间处理上，有些地方值得特别重视，尤其是细节。

一个标准的合乎规范的办公室，前台应面对大门，会客区应安排在前台附近，既便于照顾，也便于控制。

领导办公室应安排在中央位置，以彰显权威。

财务办公室应安排在领导办公室旁，以图吉利。

分管领导的办公室应安排在各自工作管辖流程顶端，离主要领导办公室最近，以便管理。

相关办公环节应安排在各自工作流程的最佳节点，以利流通。

秘书办公区应安排在上司办公室外，以便挡驾、呼应、照顾。

开放式综合办公区应安排在中央区域，所有文件柜架都靠墙摆放，以利通行，同时也能使室内空间显得宽敞大气，使零乱的物品显得井然有序。

厕所、洗手间、茶水间则应安排在角落位置，以示避讳。

如有必要，办公室的空间中可设立走廊，走廊既可利用办公组合屏风，也可用墙，或用落地玻璃分割，这样做的好处是使各功能区域之间互不干扰。

空间的营造是一种管理思想，在低碳环保时代，无论是色彩、绿化、灯光、家具摆设，还是色彩搭配，都应强调简洁明朗。

现代意识的布局强调自由和自律的工作状态，单位诉求、形象展示、功能分割、流程顺畅都在这个空间中有机的表现出来。

开放式的布局淡化了等级差异，有利于建立平等融洽的工作气氛，也有利于成员之间交流与沟通。重要的是，让每个在办公室里工作的成员更愉悦，让每件工作顺利进行，让每件事的成本更低，这就是我们在安排办公室布局时所要追求的效果。

环境规范之二：注意照明

办公室里的照明灯光必须分布均匀，光照必须自然明亮，光照度要达到 300 勒克司（光照度），否则就会有昏暗沉闷的感觉。

不同的照明方式会产生不同的氛围效果：

办公区域采用柔和的光线处理会使长期伏案工作用眼过度的人减少疲劳；

沟通交谈的会议室采用高光亮度处理则有助于集中注意力，端正讨论态度；

走道采用暗光处理会产生间隔的过渡和安静。

环境规范之三：讲究色彩

办公室内的主要色彩一般以白色为主，如果讲究品位格调，或者想利用色彩来影响人的感官以提高工作效率，那么，黄色使人愉悦，蓝色使人沉稳，绿色使人平和，红色则使人激愤。

不过，大面积地使用彩色要很好地把握住度，否则很容易喧宾夺主，适得其反。一般情况下，办公室的环境内色彩应以柔和淡雅为主。

环境规范之四：利用音乐

办公室内的音乐在调节环境氛围当中起着重要作用，全世界所有的酒店、宾馆、商场、写字楼等高档场所内几乎都播放背景音乐，这也是人们之所以喜欢并留恋这些地方的原因之一。当我们沉静在那种似有若无的背景音乐中时，我们的心情总会格外宁静与安详，以至于我们的思想、意识和谈吐举止，都会应着这份轻柔曼妙而优雅斯文起来。

正是出于这个原因，很多单位的办公环境中也引进了背景音乐系统，希望借此来体现文化格调，调节成员情绪，提高工作效率。

办公环境当然需要保持安静，但绝对的安静容易让人产生幻觉。因此，最恰当的是音乐似有若无，始终弥漫在身心之间，使我们的身体得到放松，压力得到释放，心灵得到净化。

任何一种职业都有相应的职业病，常年日复一日的工作习惯，如持久不变的坐姿，长期饮用饮水机里的纯净水，每天习惯性的喝咖啡，长时间注视电脑屏幕，长时间用一种手势敲击电脑键盘，等等，都会造成一定的身心毛病，或是精神依赖，或是身体损害，这种与办公环境有关的问题，我们统称为办公室综合征。

办公室综合征的明显症状表现为：一旦进入办公室，马上就会出现头晕、头痛、心烦意乱、情绪低迷、嗜睡、食欲不良、关节疼痛、记忆力下降、注意力无法集中的生理及心理现象，而一旦离开办公室，这些症状便会迅速减轻或完全消失。

因此，环境规范的重点在于有效防范办公室综合征的发生。

环境规范之五：防范疾病

防范办公室综合征的最好办法包括以下六种。

（一）保持正确的坐姿

坐着工作时，坐椅的高度与角度应以自己的舒适度来进行调整，使膝部的位置高于臀部，使两肋能够压住办公桌面，使背部能够仰靠在靠背上，使脚能够在办公桌下充分地舒展。

同一种姿势不宜保持1小时以上，我们必须经常改变身体的重心、体位以及姿势。工作超过半小时后，最好能站起来走动一下，或者往后依靠在椅背上，舒缓一下背和颈部，或者将手甩动几下。

避免长时间用一种姿势工作的最好方法，就是经常改变自己的体位与姿势。

（二）正确使用电脑

合理安排电脑椅、显示器、键盘三者的高度。

电脑的位置要保证使用时候的舒适度，长时间使用电脑，不仅身体容易疲劳，眼睛更容易疲劳。因此，每隔1小时，最好能做10分钟眼保健操，或者看看远处的绿色植物。

（三）尽量少用空调

长时间待在恒温的空调房间内，人的身体表皮水分蒸发速度会加快，人也会感觉全身乏力、头痛、关节酸痛，甚至产生呼吸道感染和肠胃疾痛。

与自然状态相比，空调状态对人体健康的损害更明显。因此，保持室内空气流通，保持适当温度与湿度，这是非常重要的。我们可以多喝水，多吃一些水果或蔬菜，开窗呼吸一下室外新鲜空气，通过这些方法来进行调节。

（四）坚持自我调节

长时间在一个空间中，重复同样姿势的工作，人很容易身心疲劳。

有效的化解方式只有一种，那就是自我调节。比如，经常活动，增加光照度，增加绿化，注意营养，保持空气流通，保持良好心情。

（五）适当补充营养

办公室工作既紧张又劳神，用脑过度还会造成大脑缺氧。为了提高智商，保持良好的精神状态，我们应该适当地补充脂肪、蛋白质、维生素、葡萄糖和膳食纤维。

（六）加强身体锻炼

除了补充必要的营养之外，加强身体锻炼也很重要。有时间，我们可以去健身房进行有氧训练；没有时间，我们则可以在办公室做一些简易的健身操。

例如，对颈椎病起预防和缓解作用的头颈部运动，放松头部，环绕头，正反方向交替做若干次，隔2小时重复做几遍。

又如，活动肩关节增强上肢运动，站立，两臂侧举，手指向上，做直臂大回环若干次，直到完全放松为止。

还有就是保持线条匀称、舒筋活血的下肢运动，坐在椅子上，双手放在体侧，上身后仰，用手支撑住身体，双腿勾脚尖，做踩自行车踏板的动作，每次做10下，5次一组，做若干次。

当然，除了这些简易的室内健身操，我们也可以利用传递文件、向上司请示汇报，或者和同事交流等这些动作，做一些顺便的活动。

训练小结

环境可以通过“硬件”创造，而氛围则必须通过“软件”营造。

所谓“软件”，就是成员之间互相尊重，友善相待，彼此相助，以及有序的工作节奏、和谐的同事关系，置身在这种人文环境中，我们才能享受到共同工作的乐趣。

因此，为领导和同事们营造一个轻松和谐的工作环境，这是秘书义不容辞的义务与责任。

训练科目 27　设备规范

训练目的

了解设备规范的基本要求，掌握设备管理的行为规范。

训练方式

专家演示、现场观摩、影像观摩、模拟操作、情景实训。

训练方法

观摩情景电视系列教学片《秘书规范》第六辑第 27 集。

教练分段讲解，现场示范，如有条件，安排学生在办公环境中进行实训，掌握相关设备的使用及维护要领。

训练时间

4 课时。

训练提示

办公环境中的设备采购、使用、保养、维护工作，通常都是由秘书负责的。

设备管理做好了是本分，做不好则是失职。而对上司来讲，绝对不会原谅这种失职，因为这意味着办公室内的工作会受到影响，办公效率会大打折扣。

训练内容

在企事业单位里，设备通常分为两类：一类是办公设备；另一类是生产设备，和秘书直接有关的当然是办公设备。

办公设备包括电话、传真机、电脑、复印机、扫描仪、摄像机、录音机以及其他和提高工作效率有关的办公设备。

设备规范之一：全面了解

秘书必须对办公设备的品名、价值、数量、用途、使用方法、维修保养方法、耗材的采购方式以及售后服务的联络方式等都了如指掌，确保办公设备使用的稳定性。

设备规范之二：建立制度

设备作为固定资产，理应建立专人专责管理及使用制度，个人专用由个人负责，指定公用由使用人负责，为每台设备指定具体的责任人，形成责任保管保养和损坏赔偿制度（正常损耗除外），保障设备的正常使用，有效延长设备的使用寿命。

未经领导允准，任何人严禁私自使用办公设备，尤其是用于处理私人事务。

设备规范之三：合理安放

电脑、传真机、打印机、扫描仪、投影仪、复印机等大型办公设备应集中在一个区域内，便于电源接线和机器散热。电源接地良好，安装平稳。

设备规范之四：正确使用

在使用办公设备时，我们必须明确每台设备的具体用途，熟悉并掌握其操作程序，严格按照设备使用说明书中所规定的使用程序及要求来进行操作。

设备规范之五：悉心保养

办公设备的使用环境温度为 5 ～ 35℃，相对湿度为 20 ～ 85℃，过低需用加湿器，过高需用除湿器，放在距设备 5 米左右有效影响距离加以调节。

办公室内应设置防雷或防静电装置。

设备使用过后应散风冷却 15 分钟以上，然后用防尘罩遮盖。

办公设备的外壳大多是工程塑料，容易在静电作用下吸附灰尘，因此要经常用干软布擦拭设备表面，防尘吸尘。

现代办公设备精密度越高，对周围环境的反应也越敏感，任何震动、撞击，不按指令乱摁功能键，以及使用含有腐蚀性的清洁剂与杀虫剂，或者不慎沾上油渍，都会产生不同程度的损害。

因此，秘书必须像爱护自己的眼睛一样，小心翼翼地爱护与使用办公设备。

设备规范之六：谨慎维修

设备一旦发生故障，应及时联络设备维修方上门修理。如果需将设备送到外面保修，应派专人全程监护直至设备回到办公室内，以防不良人员借维修之机偷梁换柱，以次充好，将原装设备改头换面。

设备规范之七：预防危害

办公设备对人造成的危害主要集中在复印机上。

复印机应该放在通风良好的窗边或走廊上，尽量远离办公区域，因为碳粉有毒，经常使用对人体会有不良影响。

使用复印机应该适当注意时间间隔，不要集中复印，以减少臭氧的递增和积聚效应。机器越热，臭氧散发的危害也会越

严重。

复印完毕应该充分散热，然后用防尘布罩起来。防尘布不仅防尘，也部分减少了臭氧的挥发。

设备规范之八：熟悉其他

除了办公设备之外，生产设备的维护保养虽然和秘书没有直接关系，但对此有所了解也是完全必要的。我们有时会陪同领导下基层检查工作，或者陪同客户参观考察，对生产设备的了解和熟悉，有助于我们在陪同时对有关询问了然于心，一问便知。

随着高科技的发展，办公设备与生产设备也日新月异，不断在升级换代。因此，秘书也有一个不断学习与提高自己掌握和使用设备水平的过程，以便根据办公与生产流程的要求，对相应的设备有所了解和熟悉。一旦流程中某个环节出现问题，我们可以积极参与解决问题。

所以，优秀的秘书总是尽可能利用空闲时间，主动深入到生产第一线，熟悉和掌握整个生产流程，了解每个环节的操作要求和操作标准，不仅熟悉员工，同时也熟悉设备。

这些工作有时候看起来和秘书工作本身并没有直接关系，但如果我们能够从外行变成内行，提高秘书工作的准确性，辅助领导作出准确决策，协助领导处理相关问题，我们就能成为领导的得力助手。

因为办公设备关系到办公效率，生产设备关系到赢利能力。如果我们能对设备的好坏优劣、设备的养护及使用一清二楚，那么，当我们协助领导进行管理时就能游刃有余、胸有成竹。

我们的工作经验越丰富，意味着我们的价值越与众不同，也就越能得到领导的赏识和重用。

训练小结

设备作为一种物品，秘书有必要对其分类建档，使每一样物品或设备都有一个档案，只有这样，秘书才能够对所有的设备了如指掌。

这些设备在使用过程中，所有问题都必须记录在案，同时确保这些设备完好无损，随时可以使用，这是秘书除程序性、标准性外一个涉及责任心的问题。

需要强调的是，设备规范也涉及程序和标准，秘书必须建立一个良好的保障使用制度，使设备成为单位正常运作中非常重要的工具。

训练科目 28 人事规范

训练目的

了解人事规范的基本要求，掌握人事管理的行为规范。

训练方式

项目教学、专家讲解、模拟操作、分组练习。

训练方法

观摩情景电视系列教学片《秘书规范》第六辑第 28 集。

教练分段讲解，现场示范，并设置模拟项目，让学生分组演练人事管理工作，了解与掌握人事规范要领，从中积累间接经验。

训练时间

6 课时。

训练提示

秘书有时也肩负着行政管理职能，尤其是行政秘书。

在行政管理中，人事规范是很重要的内容，它涉及单位人事制度的建立，员工的招聘、培训、考核、激励、调动、任免等，在整个处理过程中，秘书必须遵循公正、公平和公开的原则。

当然，涉及单位机密的则另当别论。

训练内容

在人事管理过程中，秘书应始终把握一个要点，那就是把人作为最重要的资源来对待。只有寻找、利用、善待人才，我们才能帮助领导建立一个知人善任、人尽其才的人事体系。

人事规范之一：成功招聘

（一）请应聘者填写问卷

内容包括个人情况、简历、性格特点、综合能力、专业经验、自我评价。

通过对问卷的分析，我们能够对应聘者有一个基本印象，而其中那些我们最感兴趣或最困惑的，正是我们在面试中必须仔细询问的问题。

（二）为应聘者安排面试

在面试时，我们可以要求应聘者简单讲一讲自己的故事，而对一些与录用他有关的细节，我们必须反复询问直至完全弄清楚。

面试可以和部门主管甚至领导一同参加，以便第一时间了解应聘者所有专业性的问题，判断应聘者是否适合在这个具体岗位任职。

从人力资本的角度，最好的未必是最合适的，最合适的才是最好的。即使应聘者非常优秀，但如果不适合这个岗位要求，我们也只能忍痛割爱。

（三）让应聘者进行笔试

笔试主要测试应聘者的阅读、理解、逻辑、思维以及文字表达能力。

作为专门与人打交道的秘书，我们必须具备社会学、心理学、人文学等知识，必须有丰富的社会经验，并且能够通过面对面地测试来观察对方，识别对方。

常言道：识人，首先必须识别其素质，如果素质不好，能力强反而是个祸害。

面试和笔试之后，必须对应聘者作一个基本状况的评估，除了综合素质之外，实际工作能力或专业能力也是我们应该重点考虑的问题。

普通人与人才之所以会有区别，就在于人才具有普通人所缺乏的特殊能力。对一个单位来讲，应聘者的外貌、学历、家庭背景并不重要，重要的是应聘者的综合素质、特殊能力，尤其是与应聘岗位和职位的适应性及匹配度，而科学规范的招聘过程，则能帮助我们对应聘者的情况了如指掌。

识人比较困难，用人更非易事。

用人首先是用他的素质，其次才是他的能力。因为素质无法改变，能力可以提高。

让每个岗位都由最合适的人来担任，在用人的选择和安排过程中，我们必须坚持人力资源的最佳优化，协助被聘者设计适合他自身条件和发展方向的职业生涯，帮助他明确自己的职业晋升以及分阶段实施的计划。

被聘者的素质和能力提高发挥的作用和创造的效益更大，他就越有成就感和晋升机会，招聘单位的获益也就越多。

而职业培训则是培养被聘者职业素质、提升被聘者职业能力的最好方式。

人事规范之二：有效培训

人事培训分为入职培训、上岗培训、知识培训、技术培训、安全培训、技能培训、综合培训、专业培训等。

对被聘者的培训着重在于提高其从业规范与工作技能，因为所有培训的目的都是为了帮助被聘者充分发挥潜能，使他们变得更懂工作规范，更有工作效率。

人事培训可以采用以下九种方式进行。

（一）专题测评

我们可以根据各个岗位的职位的要求来设计各类配套的相关测评表，比如入职时的个人素质和能力测评表，以及培训绩效测评表等。

测评表是把量化指标逐项格式化，被测评者对号入座填写，我们通过相互比较得出一个恰当的评价分数，据此来测定被测评者的相关数据，以及这些数据所反映出来的合适程度。

（二）案例分析

对有经验的人而言，有针对性的案例分析最能产生共鸣和感悟，也最能启发他们的智慧和能力。

（三）角色扮演

我们可以设定各种情景，让参加培训的人分别扮演各自特定的角色，然后安排一系列小品来规范角色的行为，同时以此来锻炼他们的应变能力以及处理各类突发事件的能力。

（四）小组游戏

小组游戏是一种很有趣的培训方式，在团队建设或有效沟通等课程中，游戏能将枯燥的内容演变成生动活泼的场面，许多深奥的道理与规矩就在浅显的游戏中被通俗易懂地表现出来。

（五）模拟操作

结合角色扮演，有现场逼真感和假设内容的逼真运作可以最大限度地规范他们的操作程序和操作方法。

（六）集体研讨

研讨是构建团队以及凝聚向心力的好方法，很多智慧正是在集体研讨中集思广益出来的。

（七）情景演示

通过投影和多媒体的演示，甚至真人实景地演示，我们可以把一些具体操作程序简化为逼真的展示。俗话说，讲十遍不如看一遍，看一遍不如做一遍。演示过程用摄录系统拍下来，然后回放给他们观看，再逐一纠正他们的不规范行为。

（八）实际操作

有条件的当然应该一试，因为实际操作的效果明显，足以让受训者一学就会。

（九）野外训练

我们知道，人不能老待在教室里，整天面对着一个讲师听他唠叨，时间一长，即使他讲得再精彩，也会让人犯困，所以，借助大自然的丰富多彩，把培训做成一种快乐的释放，相信所有的受训者都不会拒绝。

人事培训的基本步骤如下：

第一步：制订培训计划；

第二步：设定培训程序；

第三步：安排培训内容；

第四步：确定培训时间；

第五步：检查修正；

第六步：分成板块；

第七步：列出大纲和进度表；

第八步：编写课程表；

第九步：制作资料或软件。

对于秘书来讲，重要的是在职业要求与培训内容上高度重叠，并设计一套合适的人事架构与标准的人事制度。

人事规范之三：精心设计

在设计人事架构与人事制度时，我们应该按照以下三项标准行事。

（一）设计职务职位

职务必须具有明确而且能够检验的目标，我们在确定职务工作内容时，应该既考虑到工作效率和要求，又兼顾职务承担者能从中体验到内在工作的满足，以便在任务和人员两方面要求的相互平衡中确定职务的深度和广度。

职务设计就是将若干个工作任务组合起来，构成一个完整的职位。

（二）制订岗位标准

只有岗位标准，才可能使有关人员的操作都能不约而同地统一在一个规范的职业层面，保证在完全一致的沟通和协作上达到最佳的工作效率。

岗位标准包含三项内容：一是职责标准；二是任职标准；三是操作标准。

所谓职责标准，包括职责的范围、职责的具体内容、职责的要求程度，这个程度可以用一般、较好、很好来加以量化。

所谓任职标准，包括任职需要的各项标准以及条件，比如年龄、性别、学历、经历、专业知识、工作经验、综合素质、各种能力、整体表现等，都应该进行细化量化。

所谓操作标准，包括操作程序、操作标准、操作规范、考核标准，当然也应量化，因为操作是由一个个细节组成的，所以不厌其烦地对细节进行强化训练非常重要，而适时的鼓励和事后的检查也很重要。

（三）明确职责权限

人事管理的职责之一，就是为每个岗位的职务清楚界定其职责和权限，并且明确彼此之间的关系，所有必要的设定岗位都能有机地形成合力。

一个单位人员众多，秘书的具体做法是先将每个岗位的职责进行细分，用最准确的语言甚至是量化的数据加以明确。所有的岗位职责汇总在一起，就是整个单位内部的分工与细化，只是它们分别由不同岗位的人承担而已。

这一点非常重要。

以流程来讲，流程中的每个环节、每个岗位都必须明确职责和权限，权限之间的界定也是权利之间的转移，细分职责能够帮助我们清楚界定每一项细致而且具体的事务处理责任，而权限界

定则是为每个岗位的职责划定一个努力的范围。

需要指出的是，真正的职责权限应该将积极配合、有效合作列为首先，并且给予特别强调。

训练小结

人事行政管理中的规范性，要求秘书对每个细节、每项标准、每项内容都做得非常准确。

秘书可以形成自己的一种行事风格，但是这种风格必须和所在单位的文化紧密联系，因为每个单位都有其独特的个性，每个在单位里工作的秘书，都必须根据单位的特点来建立一套行之有效而且合理规范的人事制度和人事管理体系。

训练科目 29　客服规范

训练目的

了解客服规范的基本要求，掌握客服管理的行为规范。

训练方式

专家讲解、专项演练、模拟操作、情景实训、分组练习、跟班实习。

训练方法

观摩情景电视系列教学片《秘书规范》第六辑第 29 集。

教练分段讲解，研讨案例，设置模拟项目，安排学生分饰角色，情景演练，从中体会与掌握规范要领，积累感性认识及经验。

训练时间

4 课时。

训练提示

和客户打交道，不能随心所欲，尤其是秘书这样的特殊人物更应如此。

作为秘书，我们所表现出来的其实正是单位整体形象当中最为规范和典范的内容，和客户打交道，就是一种强调程序和标准

的内容。

在和客户交往的过程中，秘书必须根据自己所在单位的特点来调整以及规范客户管理系统和客户管理模式，使之成为单位与客户间建立良好关系的工作指南。

训练内容

任何一个企事业单位的生存与发展都依赖于对客户的良好服务。

无论接待客户或者拜访客户，我们都应该重视与满足客户的需求。

在为客户提供服务时，有一句话说得非常好：态度和速度是最好的服务。

和客户的沟通应该遵循十六字原则，那就是："以善待人，以情感人，以理服人，以利动人"。

作为秘书，我们和空服人员一样，都需要职业性微笑。虽然有人指责这种微笑因为太职业而显得不够真诚，但是微笑总比冷漠强。因为微笑在沟通时能够产生良好的作用，它可以消除紧张和不安的情绪，可以消除自卑和尴尬，可以化解敌意甚至误会，可以使人感到亲切和喜悦，可以创造和谐的沟通环境和气氛。

秘书和客户直接打交道通常有两种情况：一种是被动地接待来访；另一种是主动登门拜访。

在接待客户时，我们必须依照规矩，在接待的标准、程序、规范上做得完美无缺，不仅礼数周到，而且还要让客户感觉到我们的专业素养。

客服规范之一：充分准备

与客户打交道前，我们必须做好充分准备，事先预想一下以下这些问题，以便心中有数：

1. 对方近况如何。
2. 需要沟通的内容有哪些。
3. 沟通的目的是什么。
4. 本方希望达到怎样理想的结果。
5. 对方希望达到的结果。
6. 沟通时可能会讨论的结果。
7. 沟通时怎样表达和倾听。
8. 沟通时要注意哪些问题。

我们把这称为“做功课”，事先功课做得充分扎实，沟通时效果就会明显很多。

如果因为工作太忙，或者其他原因而掉以轻心，与客户交往时就有可能会敷衍了事或无所适从，这样不仅无助于沟通，反而会加深对方的成见。

客服规范之二：善解人意

感情的沟通要随缘，生意的沟通要用心。只要我们在沟通时善解人意，始终为对方着想，努力取悦对方，同时保持自己的职业状态，那么，从心理学角度以及人性本能分析，对方也一定会有所回应。

客服规范之三：巧妙影响

和客户交谈时巧用问句或影响句，会有出其不意的说服效果。例如，说完一句话时用“是吧”来做语尾词，就很容易影响对方。

又如，深有同感时用“的确如此”这样一句来表示非常肯定，也很容易取悦对方。

诸如此类的词语还有很多，它们都有十分明显的祈使作用。

踌躇再三时，用“怎么可能”来表示无法相信；

打断对方时，用“你说什么”来表示难以置信；

谦让时，用“请您先讲”来表示礼貌尊重；

理解时，用“原来如此”来表示恍然大悟；

不解时，用“真的吗”来表示惊讶；

同情时，用“真是”来表示安慰。

显而易见，经常使用这些词语能够有效增加语言的表达力和感染力，巧妙地影响对方。

客服规范之四：郑重拜访

独自拜访客户时，我们代表的是所在单位或部门，受人之托，自然要更谦和一些、感性一些。既要说明来意，又要耐心倾听，还要及时回应，在整个拜访过程中不仅彬彬有礼，而且沟通良好，使之成为一次卓有成效的公关之访、亲善之旅。

陪同领导拜访客户时，我们的态度要不卑不亢，内敛温和。礼貌是必要的，因为登门拜访总是有求于对方，所以客气也是自然的。

拜访过程中，即使客户失礼、无礼，我们也应该不厌其烦地为其解释各种问题，介绍各种情况。

我们必须明白这样一个道理：只要客户不拒绝，那么，他越是挑剔，就说明他越感兴趣。

当然，最好的办法是打消客户的所有顾虑，让对方心甘情愿地接受我们的服务。

和客户打交道时，千万不要给客户太大的压力。客户的任何判断和决策，我们都要他自己来作出，并且让他意识到这是他自己的决定。

拥有客户资源，意味着资源的重复利用和增值利用有了保障，但如听任客户的原始性状态，则会出现两种情况：一是资源的自生自灭；二是资源的无序利用。

因此，建立客户系统非常必要。

所谓建立客户系统，就是将客户资源进行有序的规范管理，以便在使用时可以准确迅速地通过该系统达到目的。

客服规范之五：建立系统

建立客户系统时，我们应该做好以下三件事。

（一）收集资料

在各种场合和客户打交道，我们必须有意识地收集整理资料来建立我们的客户系统。凡是我们的目标客户，或者对我们有兴趣的客户，我们都有必要收集他们的资料。

（二）填写登记

客户系统的建立是填写客户的商业登记表。

客户登记表与客户的法律文件、证件、具体的交易记录、商业往来的记录等，构成了一份完整的商业档案。

文字版是原件，电子版则是文字版的输入、扫描、整合加工后的商业信息数据。这两套资料都应该保密，并且由专人管理，同时根据交往的情况不断地予以调整和修改。

为每个客户的资料建立一个子系统，然后根据商业关系，分门别类建立分系统。这些关系可以分为供应商、制造商、经销商、广告商、银行、会计、法律，顾问咨询机构等。

最后，将所有的分系统整合在一个数据集成平台上，成为一个总系统，这就是我们所要建立并且使用的客户系统。

（三）加强管理

建立客户系统仅仅是数据整理的结果，重要的是客户管理，只有管理，才会提高效率。

和客户交往，确实是在商言商，但重要的生意往往都是在朋友间进行的。首先是做朋友，然后才是做生意，这个普通的道理不用强调，但在具体落实时却必须由制度作保障，而有效地管理好这些客户资源，就是这种制度化的体现。

经常关照对方，通过各种活动来取悦对方，使客户关系成为

企业运作中一项重要的工作，无疑会使商业交往成为一种良性互动、双赢的结果。

当然，在具体操作中，要根据客户关系的重要性分出等级，区别对待，这也是提高工作效率的有效手段，但在和客户的交往过程中，则应一视同仁。

训练小结

作为秘书，我们可以根据所在单位的特点和自己的工作特点来设计客户管理规范，只要我们在具体操作过程中能够面面俱到，那么我们就可以让客户感到满意。

在这里，满意度与美誉度是衡量客户规范的标尺。

训练科目30　公关规范

训练目的

了解公关规范的基本要求，掌握公关过程的行为规范。

训练方式

影像观摩、专家讲解、角色表演、案例研讨、分组练习。

训练方法

观摩情景电视系列教学片《秘书规范》第六辑第30集。

教练分段讲解，现场示范，并设置模拟项目，让学生分组演练不同公关情况中的应对及处理规范，教练有针对性地进行点评与指导，帮助学生掌握规范要领，做到意识清楚，应对自如，动作规范，处理得当。

训练时间

4课时。

训练提示

公关规范是单位所有事务中一项极其重要的内容，单位与政府、单位与社区、单位与媒体、单位与客户、单位与成员，这五者之间的关系是否融洽和谐，是否形成合力，是否形成良性互动的健康良好的生存与发展环境，事关单位的存亡。

从这个意义上来说，秘书有义务也有责任全力协助领导，为单位创造一个良好的公关环境。

训练内容

公共关系是个人或单位运用各种传播手段，使自己和公众相互了解与适应的一种信息活动，它的作用是监测环境反映，建立信息网络，促进交流沟通，协调各类关系，塑造公众形象，提高社会影响，达到发展目的。

单位的公共关系包括政府、媒体、客户、社区、成员五个方面。

公共关系的对象其实就是社会公众，而公众具有同志性、群体性、可变性三个明显特征。所以，公众的影响既是非常巨大的，也是可以引导的。

秘书既要成为领导的公关顾问，也要成为单位的公关经理，这是由秘书的工作性质乃至作用所决定的。

公关规范之一：树立良好公众形象

公众形象是社会公众对单位的综合印象和总体评价，它包括知名度和美誉度两个要素，知名度显示的是社会舆论的数量，美誉度显示的是社会舆论的质量。对于公共关系而言，形象的美誉度才是最有价值的。

公关规范之二：构建内部和谐关系

内部关系主要是指单位内部的组织结构关系和组织成员关系。

对于前者，我们要始终关注运作流程是否合理，并且通过正确的变革使它保持效率，保持结构内部彼此环节之间的有效平衡。

对于后者，我们可以采用信息分析、感情投资、精神激励、团队活动以及合理的物质分配等方法来进行处理，尤其是对资源和利益进行卓有成效的重新配置，来促进组织成员的关系。

和谐氛围有助于单位内部的良性运作，秘书在这中间起润滑剂的作用，基层很多情况领导未必都很清楚。我们有责任向领导反映内部成员所面临的困难，协助领导及时帮助成员改善生活、工作环境和条件。这些具体措施不仅会感动受惠者，最终也会积极影响成员的忠诚度。

公关规范之三：妥善处理外部关系

（一）政府公关

处理政府公共关系时，我们应把握好以下三个原则：

一是服从政府领导，尊重政府权威，遵守政府法令，研究掌握政府新政，积极响应政府号召。

二是注意双向沟通，主动提供所在单位的信息，熟悉政府结构及其职能，建立正常的私人关系，保持经常性接触，帮助政府排忧解难，积极参与政府活动。

三是妥善处理矛盾，充分表达单位的意见，建立良好的沟通渠道，不定期拜访政府有关部门，不告状、不抱怨、不争吵、不记仇，充分理解政府的难处，充分了解人性的特点，为对方想好理由和做法，非常有耐心地进行沟通。

（二）社区公关

处理社区公共关系时，我们应把握好以下两个原则：

一是参与社区建设。包括通报单位情况，承担公共事务，支持社区建设，关心公益事业，积极排忧解难，联络居民感情，主动为社区做一些力所能及的事情。

二是妥善处理矛盾。这些矛盾既包括影响居民利益的活动，也包括因竞争引发的冲突，以及社区要求赞助或协助解决的问题。

针对这些矛盾，最有效的应对之道及解决方法就是换位思

考，充分沟通，互相体谅，以诚相待，就事论事，对症下药，寻求平衡，皆大欢喜。

有时候，领导难免会对这些鸡毛蒜皮的问题所引发的矛盾产生为难或者恼怒情绪，此时秘书的责任就是帮助领导保持理智，配合领导演好红白脸角色，有效化解这些矛盾，使每次矛盾的解决都能成为一个成功的案例，并借此积累起良好的单位形象与美誉度。

（三）媒体公关

处理媒体公共关系时，我们应把握好以下六个原则：

一是重视媒体作用。媒体的作用是帮助企事业沟通与社会公众的关系，同时也帮助企事业单位树立和宣传形象，因为媒体具有公众吸引力和评价影响力。

如何与媒体建立关系，同时也保持适当距离，使媒体成为我们的重要伙伴，这的确是值得我们重视的事。

二是建立互利关系。媒体考虑的是关注度，重视的是有价值的信息。把握这两点，用价值和信息作为条件，与媒体建立平等互利的合作关系。

三是利用人性特点。既把媒体当成虚拟的人，又把媒体从业者当成具体的人，保持不同内容的联系。

因为人都有脾气，逼急了就容易发火，得罪了就可能曝光。

因为人都有弱点，满足了就容易行方便，摆平了就愿意帮忙。

处理与媒体的关系非常微妙，有时候要装着无所谓，有时候又需要非常诚恳，有时候又要郑重其事。

四是提供有用信息。因为媒体依赖信息才能生存，投其所好，我们就应经常为媒体提供一些真实的经过技术处理的信息，以此保持必要的工作联系，名正言顺地开展公关活动。

在这里，真实是指细节不虚构，处理是指内容要选择。任何一件事情从不同的角度观察，从不同的角度切入，都会产生不同的结果。我们之所以要对原始信息进行专业性处理，目的是为了让真实的信息能够达到我们所期望的结果。

五是注重新闻实效。信息的使用具有非常明显的实效性，要让媒体心甘情愿给予关注乃至重视，关键在于我们所提供的信息其价值是否足够吸引媒体高度的注意力，并且紧扣时间。

六是正确对待报道。媒体既能为我们造势，也会给我们添乱，这是媒体的受众性所决定的，对此我们应该劝导上司看开一点。媒体不同时期有不同的利益诉求原本就很正常，关键在于我们要尽量合拍，不要踩错了点，甚至撞在了媒体的“枪口”上。

即使不慎发生了误会，媒体报道对我们单位造成了负面影响，我们也要正确对待：既把它当回事，又不把它当回事。前者是有则改之，无则不理；后者是控制影响程度，避免影响扩大。

我们必须清楚，媒体也是利益者，和媒体保持关系，我们就必须具备良好的心理素质。

（四）客户公关

处理客户公共关系时，我们应把握好以下两个原则：

一是处理好供应商和经销商的关系。具体做法是建立正常的沟通渠道，平时加强情感交流，积极地介绍情况；同时，充分考虑对方的利益，及时提供服务，让对方有利可图。

二是处理好与消费者的关系。设身处地地为消费者着想，无论价格还是服务都是如此。随时满足消费者的需求，只要这种需求合理。注重价格之外的价值，并且让消费者真正明白。

对工作上的失误既要及时承认，更要立刻纠正。我们必须明白：所有的投诉都是为了帮助我们趋于完美。

我们在感谢对方的同时，一定要让对方知道我们能够从善如流，并且马上采取措施加以改进与完善。

我们在协助领导处理公关事务时，除了妥善处理好上述方面的关系之外，还得把相当多的精力放在公关活动的开展上。

众所周知，日常工作细水长流，渗透在需要事务当中，而主题活动偶尔为之，则往往集中了相当多的智慧、精力、时间和资

源。每一次公关活动，无疑都是一次单位形象的推广，对公共关系具有促进作用。

公关活动通常安排在这样一些时机举行：

1. 单位成立时。
2. 单位改组时。
3. 单位有话要说时。
4. 新产品或项目问世时。
5. 新领导或者新团队亮相时。
6. 发展需要提速时。
7. 单位受到社会批评或质疑时。
8. 单位默默无闻需要宣传时。

公关活动的操作程序包括公关调查、制订计划、实施方案、评价结果四个环节。

我们举办公关活动的目的，主要是为社会或公关对象提供信息交流的机会。公共关系的处理重点在于细节，而原则是主动。

在正常情况下，秘书是领导与下属之间沟通的管道，领导和他人以及外界的关系，甚至单位和社会的关系，往往都是由秘书来处理的，因此，秘书本人必须亲力亲为。

从这个意义上讲，秘书就是领导的公关顾问，就是单位的公关经理。

训练小结

公关规范是秘书在处理公共关系时的行为准则，公共关系处理得好坏，既和秘书的天赋有关，也和秘书的经验有关。因此，秘书有必要以常态方式，对单位的整个公共关系做一个系统评估和考量，然后据此做出有针对性的行之有效的方案，再根据这个方案进行操作。

第七单元　实务规范

秘书实务主要由办公、办文、办事、办会四大系统工作组成，而会见、会谈、会议、仪式以及活动，则是办会实务中的五大基本内容，它们既强调程序性，又强调标准性，更强调礼节性。

因此，准确把握实务操作的尺度，严格遵守实务操作的标准，这是非常关键也非常必要的。

凡是既涉及最终结果而又关系单位形象的事，秘书都需要做足规矩。

训练科目31　会见规范

训练目的

了解会见规范的基本要求，掌握会见过程的行为规范。

训练方式

影像观摩、专家演示、角色表演、模拟操作、情景实训、分组练习。

训练方法

观摩情景电视系列教学片《秘书规范》第七辑第31集。

教练分段讲解，现场示范，为学生设定情境，让学生分组模拟演练，同时进行必要的点评与指导，帮助学生掌握相关的规范要领，养成职业习惯。

训练时间

4课时。

训练提示

在秘书实务中，会见规范主要涉及礼节性标准。

如何安排好会见，确保会见的正常进行，不只是事先的联络、现场的引见、当场的记录这么简单，因为在整个会见过程中，不仅领导会对秘书的安排多有挑剔，甚至客户也会对秘书的处理格外在意，正式会见更是如此。

因此，我们必须把会见作为常态性工作加以对待，使之成为最拿手也是最熟练的业务之一。

训练内容

会见是一种有目的的人际交往活动，通常用于联络感情、增进友谊，是主客双方之间彼此约定见面的礼节性比较强的谈话仪式。

和会谈的严肃性相比，会见比较轻松自然，要求也不是那么严格，主宾双方可以随意而坐，互相距离不是很远，话题也比较随意。

在会见过程中，秘书通常起着引领、陪同、介绍、记录等作用，偶尔也会参与谈话。

安排会见前，通常并不需要做很多准备，因为它是礼节性交往，没有太多的利益性目的，无论什么场合什么话题，都没有什么约束，也不需要有什么结果。

会见规范之一：事先了解

安排会见之前，我们必须了解，会见由哪一方提出，会见目的是什么，会见需要安排在什么时间与地点，有些什么特殊要求，以便在具体安排时加以考虑。

会见规范之二：妥善安排

会见是一种场面仪式，有正式与非正式之分，前者注重程序，讲究礼节，后者则客随主便或主随客便，比较随意。我们在安排时可根据会见的重要程度或领导的意思来决定正式与否。

若是正式会见，安排坐席时必须严格按照主宾席次的礼仪要求，面门为准，以门为界，会见双方左右分边而坐，中线左侧为

主人位，右侧为主宾位，双方陪同随行人员各自依次沿两侧排开而坐，秘书或翻译则坐在主宾或主人后面。

如果合影，亦照此安排。

会见的标志性特点就是主人与主宾并肩而坐，以示友好；主人坐在主宾左侧，以示礼遇；陪同人员依次排开，以示级别。

会见规范之三：及时通知

安排妥当后，用口头或其他通讯工具及时通知所有相关人员，并予以确认。

会见规范之四：做好准备

安排专人负责场地、灯光、空调、音响、影像、茶水、引导、记录、翻译工作，如属重要会见，还应提前预演，以求万无一失。

会见规范之五：主动引领

在来宾左侧略前位置引领，需要提醒处伸手示意，侧脸招呼，以示礼遇，直至会见现场。

会见规范之六：得体介绍

引领时为主宾简要介绍，相见时为主客互相介绍，先介绍主人，再介绍客人，以示礼仪。

会见规范之七：热情招待

双方入座后，送上茶水或水果，请其享用，以示照顾。

如觉察异样，应及时行至其后，轻声询问，以示关怀。

对任何需要帮助的要求，尽可能满足，以示热情。

会见规范之八：做好记录

现场做记录是秘书的本分，但重要的是，在做好记录的同时，还要眼观六路，耳听八方，随时注意主宾双方尤其是领导的反应，以便默契配合。

会见规范之九：礼貌送行

会见结束后，陪同领导或代表领导将客人一路相送至大门口，握手道别后，目送客人离去直至其身影完全消失，然后才转身离去。

会见规范之十：做好善后

收拾杂物，打扫清洁，恢复原状，关闭电源，关门离去。

整理记录，保存备忘录，将客人名片及会见的影像资料整理归档，需要限时跟踪反馈的信息或事情，以口头或书面方式提醒领导。

综上所述，秘书的职责就是妥善安排会见，确保会见顺利，并使会见成为令双方愉悦，从而进一步加深了解、增进友谊的机会。

训练小结

会见的整个过程看似简单，同样涉及程序与标准，同样关系到礼仪和形象。因此，秘书绝不能掉以轻心，必须在每一个节点上做到位。只有到位，我们才能使每一次会见都成为沟通关系、展示礼仪的公关活动。

哪怕这个活动的规模小到两三个人，仍然能够让人感受到专业性。

训练科目32 会谈规范

训练目的

了解会谈规范的基本要求，掌握会谈过程的行为规范。

训练方式

影像观摩、专家演示、角色表演、专项演练、模拟操作、情景实训。

训练方法

观摩情景电视系列教学片《秘书规范》第七辑第32集。

教练分段讲解，现场示范，设置模拟场景与表演小品，安排学生分组演练，并随时进行点评与指导。

训练时间

4课时。

训练提示

会谈比较郑重其事，因为它是交谈双方为了某种目的而面对面坐在一起交换意见以达成共识的一种方法。所以，会谈相对于会见而言，在规范上更讲究，在要求上更严格，在做法上更复杂。

惟其如此，才更显示出会谈本身的重要性。

训练内容

与会见一样，会谈也有正式与非正式之分。

正式会谈的内容往往比较重大，会谈结果通常还要以纪要甚至协议的方式予以确认，伴随而来的还有一些配套的仪式，比如签约仪式。

非正式会谈的内容往往不是很成熟，仅是探讨性或意向性的，会谈结果通常以备忘录的形式予以认可，留待下一步继续会谈。

但无论结果如何，会谈始终都是一项会商与洽谈的活动，与谈判相比，它更能体现彼此见面、互相磋商、相谈甚欢的和谐气氛，所以它的侧重点在“会”，“相会”的“会”。即使它也是在谈，但这个“谈”是“谈话”的“谈”，而不是“谈判”的“谈”。

这就是会谈与谈判的本质区别。

了解这一点，对于秘书来讲非常重要，因为会谈能否成功，一定程度上也与我们安排的会谈环境和营造的会谈氛围有关。

会谈规范之一：充分准备

将会谈对象的信息资料、目的要求等汇集成会谈要点，提交给领导，以便领导能够全面了解对方，进而思考相应的对策，这对控制会谈局面、保证会谈成功相当重要。信息掌握得越多，资料准备越充分，会谈越容易成功。

会谈前的准备还包括为双方准备相关的文件，尤其是商务洽谈，相关的法律文件及待签的合约都要准备妥当。

会谈规范之二：精心安排

会谈分双边会谈和多边会谈两种，按照社交礼仪，这两种会谈的位置安排是有所不同的。

双边会谈是宾主相对而坐，以正门为准，主人方背门而坐，

客人方面门而坐。或以入门方向为准，主左客右，各坐一边，中间以长桌分隔。

桌上放置席位牌，涉外会谈则摆放国旗以示区别。

秘书或随行人员的席位分设两边，如做记录或翻译，秘书可在领导后面设立座位，便于准确无误地听清领导的谈话。

无论双边会谈还是单边会谈，面朝门口的座位都是上座，背朝门口的座位都是下座。因为从心理感觉而言，上座具有现场影响力和权力感，下座只有从属感。如果不是为了达到某种暗示或者影响，安排时通常要避开这种忌讳。

会谈场合无论大小，都要安排得干净整洁，因为环境氛围对人的影响，尤其是情绪的影响，是非常明显的。一个舒适的环境，能够在某种程度上确保会谈过程的顺利进行。

会谈规范之三：通知确认

任何一次会谈都不是一件小事，它会牵涉双方很多人的精力与时间，所以双方一旦商定好会谈的主题、内容、人员、地点、时间，就要及时互相告知，以求确认。

尤其是正式会谈，一旦确认，不能轻易更改，因为这涉及诚信及礼仪。

会谈规范之四：礼貌迎接

若会谈现场设在本方，秘书应陪同领导在门口迎候对方，或先至大门口迎候，再引领对方至现场与领导相见，互做介绍或互致问候后，入座开始会谈。

若会谈安排在对方场所，秘书则陪同领导准时抵达，然后听候东道主安排。

会谈规范之五：认真记录

会谈时的记录是会谈后的会谈纪要的原始依据，尤其是会谈的要点与结果，必须逐一清晰记录。若有不明之处，必须向发言者核实确认，以免错讹。

会谈规范之六：适当参与

秘书了解掌握的信息较为丰富，必要的时候参与会谈，有助于说明情况，解释问题，厘清事实。但这种参与必须是在领导同意或授意之下，否则，未经许可，不能造次。

会谈规范之七：巧妙提醒

当领导遗忘某件事情，或者口误时，秘书可以适当方式巧妙提醒。如用耳语，或用小纸条，或找个合理的借口，使领导能及时发现问题，引起重视。

会谈规范之八：及时协调

会谈过程中，某些安排突然出现问题，或双方因某些原因无法达成共识，秘书应及时应对，出面协调，以便会谈能够正常进行。

会谈规范之九：协助签字

重要的会谈结束后，通常双方会在会谈纪要上签字，以示确认。此时，秘书应协助领导，按照必要的礼节，完成签字程序。

会谈规范之十：礼貌送别

会谈结束后，陪同领导或代表领导，将客人一路送至大门口，握手道别后，目送客人远去，直至其身影完全消失，然后再

转身离去。

会谈规范之十一：清理会场

收拾杂物，打扫清洁，恢复原状，关闭电源，关门。

会谈规范之十二：具体落实

会谈成果形成纪要并签字确认后，秘书应协助领导，安排与督促有关部门及有关人员逐项落实。

训练小结

会谈规范是秘书对相关事务进行程序设定的一种做法，它既涉及礼节，也涉及效率，因为会谈成果必须及时落实，否则会谈本身就失去了意义。

所以，会谈的重要之处不在过程而在结果，过程只需安排妥当，但结果却须尽力而为。

训练科目 33　会议规范

训练目的

了解会议规范的基本要求，掌握会议过程的行为规范。

训练方式

项目教学、专家演示、角色表演、专项演练、模拟操作、分组练习。

训练方法

观摩情景电视系列教学片《秘书规范》第七辑第 33 集。

教练分段讲解，现场示范，并布置多个不同类型的模拟会议，让学生分组演练，体会与感悟办会全过程的经历及经验，了解与掌握会务要领。

训练时间

6 课时。

训练提示

会议规范就是秘书在会议全过程的流程与操作标准，它包括会议组织、会议安排、会议文书、会议主持、会议接待、会议服务、会议记录、会议善后等多个流程与环节，每个流程都有特定的标准要求，绝对不能马虎随意，敷衍了事，因为任何一点小小的疏忽，都有可能使会议的结果大打折扣。

训练内容

无论何种性质或内容的会议，目的都是一样，通过交流与研讨，达成共识，解决问题，作出结论。

会议的召开与安排必须把握三个原则：必要、及时、恰当。

必要是指会议非开不可。

及时是指会议的时间选择对会议所要达到的目的作用明显。

恰当是指会议的规模、规格、开支等与会议的内容能够相符。

对秘书来讲，会议事务不仅是一项系统工程，也是衡量与考验秘书办会能力高低的基本内容。换言之，会务处理就是秘书的基本功之一。

会议规范之一：拟订方案

召开会议之前，根据领导指示，就有关会议召开的设想或计划做一份完整可行的会议筹备方案，它的内容包括：

1. 确定会议主题。
2. 确定会议名称。
3. 确定会议议题。
4. 确定会议日程。
5. 确定参会人员。
6. 确定时间地点。
7. 确定会场布置。
8. 确定通知内容。
9. 确定文件资料。
10. 确定设施用品。
11. 确定会务安排。

12．确定会议预算。

13．确定善后事宜。

14．确定注意事项。

我们所要做的就是逐项填写，整理成文，然后呈报给领导斟酌与定夺。一旦修改定稿后，即可作为办会依据与操作指南，专人分工负责，逐项落实。

通过做方案，我们可以预演会议全过程，从中发现一些可能存在或发生的问题，同时能够对一些没有考虑到的细节加以弥补。

会议规范之二：安排落实

方案一旦通过，秘书随即就要逐一安排及落实以下工作：

1．落实会议场地。

2．落实会议设施（如音响器材、电脑、投影系统、录音设备、速录设备）。

3．落实会议用品（如记录本、签到本、记事本、纸笔、横幅、PPT）。

4．落实会务人员（接待、签到、服务、财务、保安、保洁、电工、音响、司机、司仪）。

5．制作会议通知（凡属重要会议，均应书面或电邮通知，其内容应完整，格式应规范，包括被通知者、会议名称、会议日期、会议期限、会议地点、出席对象、议事事项、发通知者、注意事项、单位全称、通知日期）。

6．通知参会人员。

7．确认参会人数。

8．落实食宿交通。

9．起草会议文件。

10．准备会议资料（如会议日程表、议事表）。

11．安排财务结算。

会议规范之三：准备文件

会议文件按照不同种类和用途，可分为以下七种：

1. 指导性文件。如上级指示、会议起因文件。

2. 主题内容文件。如开幕词、主题报告、专题报告、决议、闭幕词。

3. 进程文件。如程序表、日程安排表、记录、简报、选举或表决程序表。

4. 参考文件。如调查报告、典型材料。

5. 提案文件。如提案。

6. 成果文件。如选举结果、纪要、公报、传达文件、执行计划。

7. 管理文件。如通知、议事规则、证件、保密制度、管理规定。

凡需要上级领导关注或表态的会议文件，一般都由秘书执笔或起草。

凡涉及程序性或记录性的会议文件，既可由秘书也可由其他工作人员代笔，这样分工可以适当减轻秘书的工作压力。

会议规范之四：处理会务

与秘书有关的会务工作包括：

1. 负责会议签到。

2. 负责迎候与陪同重要人物入会。

3. 陪同或代表领导接待与会人士。

4. 负责整理及打印坐席卡。

5. 负责安排坐席及放置坐席卡。

6. 安排专人负责会议记录或录音。

7. 安排专人负责摄影或摄像。

8. 安排专人负责会场内外保安。

9. 安排专人负责会场内保洁。

10. 安排专人负责场内接待与服务。

11. 安排专人负责收集与整理会议信息或与会者信息，打印成简报或通讯录，分发给与会者。

12. 负责协助领导处理会议事务。

13. 负责满足重要人物的有关需要。

14. 负责协调会议过程中的各项活动。

15. 应领导要求主持会议。

16. 应领导要求在会议上宣读有关文件。

17. 应领导要求协助整理和提供有关文件资料。

18. 对与会者的要求尽量满足，对与会者的询问尽量答复。

19. 负责妥善处理各类事故或突发事件。

20. 协助领导维护会议秩序，调节会场气氛，协调各方关系。

会议规范之五：担任记录

会议记录分原始记录和整理记录两种。

原始记录是用快速记录、要点记录或录音方式同步记录会议全过程，其要求是简洁、准确、清楚。

整理记录根据原始记录整理还原会议全景内容，其顺序如下：

1. 会议主题。
2. 会议描述。
3. 与会人数。
4. 缺席人数及原因。
5. 会议内容。
6. 会议结果。
7. 其他事项。

8. 整理签名。

9. 上司签名。

10. 整理日期。

整理记录的作用，一是打印成文分发给与会人士，以便落实会议精神；二是入档备案，作为资料保存。

会议规范之六：做好善后

1. 清理会场，清还器物。
2. 结算费用，财务处理。
3. 整理记录，打印分发。
4. 落实决议，督促执行。

训练小结

要想保证办会的质量，我们必须对那些重要细节进行规范操作。做到位了，哪怕会议内容很简单，仍然能够让人印象良好。如果做不到位，那么，即使全部程序都在，也会弄得乱七八糟，让人摇头叹息。

所以，聪明的秘书会在节骨眼上加以特别重视，把握要点，使之对整个过程产生积极影响。

只有这样，才能在简单和复杂之间得到一个合理有效的平衡。

训练科目 34　仪式规范

训练目的

了解仪式规范的基本要求，掌握仪式过程的行为规范。

训练方式

影像观摩、项目教学、专家演示、角色表演、专项演练、模拟操作。

训练方法

观摩情景电视系列教学片《秘书规范》第七辑第 34 集。

教练分段讲解，现场示范，依次设置不同仪式，让学生分别演练规范，直至掌握要领，积累经验。

训练时间

4 课时。

训练提示

任何仪式都有程序性和礼节性要求，它是人们长期以来约定俗成并形成共识、主要用于具有纪念意义的活动的行为规范。

仪式最重要的内容，是对某件事进行渲染或确认。在某种程度上，它也是企事业单位开展公共关系的一种手段。

训练内容

仪式分为签约仪式、奠基仪式、剪彩仪式、开业仪式等。

签约仪式是双方就某个问题达成协议后的一种确认方式，因为比较隆重，所以更能凸显签字各方的重视程度。

签约仪式规范之一：确认签约内容

秘书应协助领导和对方确认签字文本的所有条款内容以及签约仪式的有关细节，并且达成共识。

签约仪式规范之二：安排签约场地

安排并布置好签约仪式场所，摆放好相关物品。

签字桌一般为长桌，靠背景处左右各放一把椅子，供签字代表并排签字，当然，也有面对面签约的方式。

如果是重大项目的签约仪式，通常按照主左客右的规矩，在桌上依序摆放协议文本、单位铭牌、国旗、签字笔、印章、印盒等。

签字桌的椅子后应留有足够空间，以便双方有关人员以中线为界，按等级顺序分排站立，共同见证签约仪式。

签约桌前也应留有足够空间，让摄影摄像人员记录这一重要时刻，以作纪念。

签约仪式规范之三：备好签约文本

完成签字文本的定稿、翻译、核对、打印、装订等工作。

签约仪式规范之四：协助签约完成

参加签约仪式时，秘书通常扮演三种角色：

一是陪同人员，陪同领导出席仪式。

二是助签人员，协助本方代表签字盖章，并代为保管签字文本。

三是司仪人员，代表主方宣布仪式程序。

无论扮演何种角色，担任什么工作，秘书都应了解签约仪式的标准程序及操作要求。

签约仪式的标准程序及操作要求如下：

1. 引导双方有关人员各就各位，签字代表就座，其他见证人分主宾各方，以签字桌中线为界，分别站在签字代表身后相应距离。

2. 双方代表签字盖章后，秘书作为助签人员，将协议文本携在手中，在双方代表身后和对方助签人员交换文本，然后将交换回来的文本放回本方代表面前。

3. 双方代表在文本上再次签字盖章。

4. 双方代表起立握手，互换文本，交给各自助签人员妥善保管。

助签人员一般由双方秘书或礼仪小姐担任，其作用是翻揭签字文本，指明签字之处，用吸水板吸干墨水，交换文本，保管文本。

签约完毕，双方见证人员互相握手，或拥抱，或鼓掌，共同庆贺签字仪式的圆满成功。

如果是重要协议签字，事先应准备香槟酒，斟满酒杯后在此时推出，由司仪宣布，双方共同举杯并干杯，祝贺仪式结束。

除了签约仪式自成一体之外，其他仪式如奠基、剪彩、开业等，则有着相同的标准程序及操作标准。

其他仪式规范之一：敬请就座

仪式开始前，司仪宣布："敬请各位就座。"

其他仪式规范之二：宣布开始

司仪宣布："仪式正式开始！"

乐队演奏音乐，现场燃放鞭炮，全体到场者热烈鼓掌。

随后，司仪分别介绍到场的重要嘉宾。

其他仪式规范之三：奏唱国歌

司仪宣布："现在请全体起立，升国旗，奏国歌。"

全场起立。

其他仪式规范之四：嘉宾发言

礼毕，司仪宣布："全体请坐，现在请嘉宾上台发言。"

发言者依次为主办方代表、主管部门代表、地方政府代表、合作单位代表等，每人发言一般不超过3分钟，发言内容均为介绍、道谢与祝贺。

需要指出的是，重大仪式的发言通常应审阅一下发言稿，领导的发言稿通常由秘书撰写或起草。

当然，有时也可做即席发言。

发言全过程的时间不宜过长，否则会使与会者感觉难耐。

仪式举行过程中，秘书的位置和作用非常明确，站在领导身边，协助做一些事情，或做一些必要提示。

其他仪式规范之五：剪彩揭牌

若是剪彩仪式，司仪应逐一介绍剪彩嘉宾，嘉宾依次由左侧登台，站成一行。礼仪小姐由右侧登台，站成一行。

剪彩时，剪彩嘉宾分开站立，右手执剪，待司仪宣布剪彩，即将红色缎带一刀剪断。

如果有多名剪彩嘉宾同时剪彩，其他剪彩嘉宾应注意主剪嘉宾的动作，以求步调一致，同时将红色缎带剪断。

按照礼节要求，剪彩后的红色花团应准确无误地落入礼仪小姐手中的托盘，切勿使之坠地。

剪彩完毕，剪彩嘉宾的右手要高举金剪，面向全场致意，然后将剪刀与手套放在礼仪小姐的托盘中，举手鼓掌，依次与主办方代表握手道喜，并在礼仪小姐的引导下从右侧下台退场，礼仪小姐列队由左侧退场。

若是揭幕仪式，则请嘉宾分列左右，手执幕布，待司仪宣布揭幕，即同时用力扯下红幕。

其他仪式规范之六：参观聚餐

司仪宣布仪式结束后，通常主办方会安排一些参观或聚餐活动，此时即应客随主便，捧场庆贺。

训练小结

仪式必须按照社交礼节和通常的惯例来举行，除非我们另有目的或另有创意，否则千万不要破了这个规矩。一旦做得不伦不类，就会让人贻笑大方。

在这一点上，做秘书的必须非常清楚，即使领导很想做出些破格之举，我们也要强调仪式的礼节性和规范性，以免领导难堪。

训练科目 35 活动规范

训练目的

了解活动规范的基本要求，掌握活动过程的行为规范。

训练方式

项目教学、影像观摩、专项演练、模拟操作、情景实训、分组练习。

训练方法

观摩情景电视系列教学片《秘书规范》第七辑第 35 集。

教练分段讲解，现场示范，并对学生演练情况进行点评与指导。

学生或各自对镜练习，或两人一组互相演练，或当场摄录并回放演练过程，纠正动作，反复演练，直至掌握规范要领，做得像模像样，有板有眼，动作娴熟，形成习惯。

训练时间

2 课时。

训练提示

如果说仪式规范的要求是隆重与庄重，那么活动规范的要求则是热烈与热闹。

凡是仪式，都有一套完整程序，仪式组织者必须按照程序逐一进行，否则就会失礼。活动则没有那么严谨的标准，它比较灵活，就是为参加者提供一个聚会、交流、探讨、享受的机会与平台而已。

因此，活动只是一种公关或交际的手段，目的无非是展示形象，推广产品，提供服务，交流感情，建立联系。例如展览、展销、宴会、舞会、聚会，以及形式活泼多样、不拘一格的庆典活动。

训练内容

有时候用活动来代替仪式，公关效果可能更好，因为活动的参与性及娱乐性往往能给参与者留下更深的印象。

当然，即使是简单的活动，有些必要的环节仍然不能省略，如迎接、介绍、招待、客套、寒暄、送别、辞行，该讲的话还是要讲，该做的事还是要做，形式上的轻松活泼并不能取代规范上的严格要求。

根据参加对象及活动内容的不同，我们在设计和安排活动时，应该在合乎礼仪的基础上多加入一些能够取悦参加者或增加喜庆气氛的娱乐元素，各种手段只要有效，都可以用来一试。例如打折、减价、送礼、邀请互动等。

当然，最重要的是围绕着活动举办的目的，以尽可能节俭的费用成本营造出让人耳目一新的效果。

举办活动一般有两种选择：一种是自行举办；另一种是参与举办。

无论前者还是后者，都有一个投入与产出效益比的问题，所以，究竟选择哪种方式举办活动，我们确实应斟酌一番，以便给领导一个最合理的建议和最可行的方案。

当然，这是指大型活动，而像宴请之类的活动就没必要如此

考虑。

活动规范之一：整体策划

为什么要举办活动，举办什么样的活动，怎样举办活动，活动的规模及方式如何，活动的主题与目的是什么，活动的过程如何控制，这些问题都要在策划时一一迎刃而解，才能做出一套可行性方案。

活动规范之二：系统组织

活动方案确定下来，我们可以依此组织一个实施系统，将预算、人员、场地、设施、用品，以及活动的内容分解到相关责任人身上，分工落实，并以项目管理方式倒计时操作。

活动规范之三：合理安排

活动安排必须秉持下列原则：

一是适宜，即配合主题，生动精彩；

二是适度，即点到为止，见好就收；

三是适量，即量力而为，不要负担；

四是适时，即时机得当，事半功倍。

活动规范之四：正常举办

活动的举办往往会有变数，如何在最佳时机以最佳方式举办一场最佳活动，既取决于举办者的努力，也取决于天时地利人和的机缘。只要活动能够正常举办，活动过程能够正常进行，对我们举办者来讲，已经是上上大吉了。

所谓正常，就是一切按计划进行，没有什么麻烦或意外，基本满意，皆大欢喜。

而要做到这一点，事先的预案及预演非常重要也非常必要，因为它能帮助我们提前预测及预判，知道在哪个时候哪个环节容易出问题，以便我们采取相应的有效措施及时应对。

所以，以周密的计划与必要的礼节为手段，对活动过程进行掌控，对活动现场进行控制，确保活动正常举办，这才是活动规范的核心所在。

如果没有现成的规范可用，那就参照那些成熟的群体参与的仪式样板，借鉴与模仿，只要合适，只要可行。

说到底，规范就是样板，就是底线，就是自律。

只要有了一次成功的经验，就为以后所要举办的活动积累了经验，也奠定了规范的基础。

哪怕是一次失败的教训，同样也能提醒与启示我们：应该在此设立必要的规范，因为问题往往就出在缺乏规范之处。

活动规范之五：及时善后

活动结束后应礼送参加者，并及时清场，恢复原状，这也是活动规范之一。

善后工作的及时快速和有条不紊，反映了我们作为活动主办者的组织能力和对现场的掌控能力。

训练小结

活动规范的形成没有现成样本，我们为何不做一个规范的制定者，为各种活动设计相应的操作规范呢？只要合适，只要可行，它就是样板。

当然，对于制定出来的新规范，我们要能自圆其说，并且能言之有理，让大家心服口服地认可，成为不二之选，这样的规范才能成为规范。

否则，那就不是规范，只是想法而已。

第八单元　礼仪规范

严格地讲，“礼仪”应该成为秘书一项专门的课程，就叫“秘书礼仪”，因为与秘书工作有关的礼仪事务实在是太多太讲究了，大到职业礼仪、职场礼仪、行政礼仪、公务礼仪、商务礼仪、服务礼仪、公共礼仪、社交礼仪，小到形象礼仪、拜访礼仪、待客礼仪、宴请礼仪，厕所礼仪、手机礼仪，都有秘书必须掌握及运用的礼仪规范。

我们这里挑选了比较直观的、容易演示的，而秘书又经常使用的交际、拜访、待客、宴会、公共五种礼仪规范来作为训练示范，意在借此强调：

凡是礼仪，必依礼节，必讲规范。

礼仪的内涵是文明，礼仪的形式是礼节，礼仪的标准是规范。

训练科目 36　交际规范

训练目的

了解交际规范的基本要求，掌握交际过程的行为规范。

训练方式

影像观摩、专家演示、专项演练、模拟操作、分组练习。

训练方法

观摩情景电视系列教学片《秘书规范》第八辑第 36 集。

教练分段讲解，现场示范，并设计不同的交际现场和交际行为，组织学生扮演不同角色，演练相关的交际规范，体验与掌握其中的要领，从而丰富阅历、积累经验。

训练时间

2 课时。

训练提示

人际关系是需要努力去经营的，掌握和运用正确的交际手段，提高交际的质量，使自己的存在显得举足轻重，使自己的作用点石成金，这是一个秘书终身修炼的课程。

若想获得非同寻常的人缘，使自己的职业表现更加完美，使自己的影响力更加明显，我们当然要深知人性的特点，懂得满足人性的需求与欲望，帮助对方如愿以偿，以此来建立起广泛的交际网络，使我们的工作能够做得更为顺利一些。

训练内容

所谓交际，通常是指社交活动的一个范围。

同事之间的交往，朋友之间的联络，客户之间的沟通，实际上都是交际。

因为社交活动是人和人之间彼此沟通及联络感情的一种交往方式，也是人们交流信息商讨看法的一种聚会形式。

社交活动既有政治性的，也有商业性的，还有私人性的。但无论何种性质，其基本的交际规范都是相同的，那就是态度友好、举止得体、说话客气、礼数周到。

虽说同事之间的交际并没有那么多讲究，但在公共场合里与同事相处，我们仍然要注意周围人对我们的看法和感受，仍然要体现出应有的职业规范。

交际规范之一：态度友好

交际讲究态度，主动对待肯定比被动应付让人开心，态度谦逊肯定比态度傲慢受人欢迎，坦诚相待肯定比装模作样令人放心，虚怀若谷肯定比狭隘小气让人尊敬。

因为交际的目的是联络感情、加深友谊，只有注意自己的身份以及举止，注重对方的感受以及反应，我们才能在交际场上获得良好的人缘，建立丰富的人脉。

交际规范之二：举止得体

交际讲究规矩，举手投足之间，不仅要斯文得体，而且要优雅大方，才能展现出我们秘书与众不同的职业素养。

例如，各种姿态都要温文尔雅，对男士稳重端庄，对女士亲

切温和，对长者照顾有加，对孩童呵护备至。

至于其他的动作与姿势，比在其他场合还要更规矩，一切不雅的、失礼的行为举止，都不能出现在交际场上。

老实说，那是真够辛苦的。但惟其如此，才能培养出令人称道的范儿来。

合理的是训练，不合理的是磨炼，长期不合理但仍然能够泰然自若面对的是修炼。

我们当秘书的，就是要有这种处之泰然、安之若素的心态与本领，去适应交际场上的规矩，去塑造良好的社交形象。

对秘书来讲，交际本身也是一种修身养性的过程，它不仅能够增加我们的阅历，更能够提高我们的修养。

交际规范之三：说话客气

良好的谈吐，得体的应对，恰当的说辞，这是最容易感染他人的交际方式。在交际场上，说话客气不是虚伪，而是礼貌，做不到这一点就有可能得罪人，做到这一点就完全能感化人。

所以，我们要练，从说话的表情、气息、声音、语调，乃至节奏、效果上下工夫，直到别人听我们说话有如沐浴春风。

交际规范之四：礼数周到

众人聚会最忌讳一个人高谈阔论，更不能因为和某位朋友十分投契而冷落了其他朋友。交际场上只能泛泛而谈，随便聊聊。若要深谈，只能另约时间另择场地，否则，很可能因为亲疏关系而得罪人。

我们绝不能因为自己的取舍而影响了交际氛围。

如果陪同领导参加社交活动，秘书就是领导的跟班与配角，态度要更谦卑，举止要更内敛，谈吐要更低调，礼数也要更周到。

社交场是公共场合，人前人后的形象都很重要，我们在注意礼节的同时也要适当保持和领导的距离，太过随便甚至亲密必然会招致别人非议，而遵守上下级之间的规矩，既可提醒领导，也可告诫自己。

只要我们始终按照社交礼仪行事，不仅会对领导产生良好影响，而且也会令别人对我们的表现刮目相看，对我们和领导的关系肃然起敬。

需要特别强调的是，陪同领导出席交际活动，秘书的表现绝对不能超过领导，尤其是当领导的配偶陪伴在他身边时更是如此。秘书的打扮应该更加端庄大方，举止应该更加斯文得体，表情应该更加沉稳温和，态度应该更加谦逊温和，反应应该更加敏捷快速，表现应该更加合乎身份。

训练小结

在交际活动中，提升自己的礼仪修养是一件很容易的事，毕竟环境影响人，所以，我们应该有意识地经常到一些有格调的社交场合去感受那种气氛，去体验那种感受，让自己的性情、神态、表情、举止、谈吐都能得到锻炼和提高。

这种现场环境的熏陶远比闭门练习的效果要好。

训练科目 37　拜访规范

训练目的

了解拜访规范的基本要求，掌握拜访过程的行为规范。

训练方式

影像观摩、专家演示、角色表演、模拟操作、情景实训。

训练方法

观摩情景电视系列教学片《秘书规范》第八辑第 37 集。

教练分段讲解，现场示范，并设置模拟情境，让学生分组演练拜访过程，体验拜访经历，掌握拜访规范。

训练时间

4 课时。

训练提示

拜访充满着人情味，这是社交礼节中最有意思的事情，从敲门到告辞的整个拜访过程，都可以通过预演来仔细体验。作为拜访者，我们应按照怎样的礼仪规范来完成拜访，使不同形式的拜访都能成为礼节的样板示范呢？

这是我们在训练时要着重解决的问题。

训练内容

拜访看似简单，但却很有讲究，因为它涉及闯入别人空间、占用别人时间这样比较敏感的问题；而且，拜访的目的一般都很明确，也很容易使对方产生想法，所以必须认真对待，务求使每一次拜访都能产生良好的公关效果。

拜访规范之一：事先预约

拜访他人应事先向对方打招呼并约定时间，千万别做不速之客，以免自己白跑一次不说，还有可能打乱对方的原有安排。

拜访应选在对方方便时，尽量避免在吃饭或休息时间登门拜访。

如果爽约，应提前通知对方并表歉意，或在事后登门道歉。

拜访长者或地位较高者时，事先托人转递名片以示通报，请对方考虑何时接待。

拜访规范之二：携带礼物

凡是拜访，均应携带礼物以表敬意，如鲜花或水果。

不同的花卉有着不同的寓意：

1. 朋友结婚应赠送象征幸福的玫瑰花或月季花，或用五爪龙（表示绊）、常春藤（表示良缘）、麦藁（表示幸福结合）组合扎成的花束。

2. 祝贺对方生男孩时应送淡蓝色的花，生女孩时则应送粉红色的花。

3. 给老年人祝寿应送文竹万年青、罗汉松等象征长寿的常青盆景。

4. 探望病人应选择香气轻柔的兰花、米兰、月季、金橘，或用红罂粟（表示安慰）、野百合（表示幸福即将回来）扎成花束相赠。

5. 表示哀痛的则赠送菊花或者无香无味的花。

6. 节日探望时则可选用红色花卉为主的花束。

7. 送对方远行可用松枝（表示依依惜别）、香罗勒（表示美好祝愿）、胭脂花（表示勿忘友情）扎成的花束。

拜访规范之三：行之有礼

拜访时应轻轻敲门或按门铃，待门开启后，站在门外向开门者有礼貌地询问。若门原已开着，不能贸然失礼闯人，仍应站在门外打招呼，待室内的人照了面之后，请我们入内，才可边道谢边进屋。

如果被访者不在，我们可以托对方转告或者稍等。

经被访者邀请入室，就座前应向室内其他人打招呼问好，主人敬上茶，我们应赶紧起身，双手迎接，同时道声谢谢。

拜访时若是陪同领导或者他人，则应首先将其介绍给主人。

初次拜访不宜停留过久，礼节性拜访一般以 20 分钟为宜，相熟后则视拜访内容和主人的情况而定。

拜访时要尽快进入话题，说明来意，以免占用对方时间过长而影响对方的工作或休息。

到别人寓所拜访，话题应该轻松一些，谈些私人事务，未经对方同意，不宜在对方私宅内谈论公事，否则有失礼貌。

公事只适合在办公场合谈论，但在对方办公室拜访，如果未经对方同意，也不能随便聊天，因为会影响对方正常工作。即便真需要谈及私事或其他非正式话题，也应先向对方征询意见，说一句："如果这样您不会介意吧?"等待对方明确首肯以后，再打开话题。

拜访是一种尊重对方的善意行为，在对方的空间里，无论怎样都要给足对方面子，这是与人交往最起码的道理，不然就太失礼了。

拜访在情理上属于打扰，既然如此，当然要比其他的见面方式更为客气和热情。所以，拜访时要彬彬有礼，告辞时要依依不舍。

拜访规范之四：做之有矩

拜访时，收礼和赠礼是礼尚往来的一种方式，但以秘书的特殊身份，我们却不能随便收受别人的礼物，无论这种赠送出于什么动机和理由，因为秘书的职务比较敏感，秘书不仅是领导的助手，有时也会成为领导的代表，很多人出于自身利益，想要赢得我们的好感，以便利用我们和领导的关系，达到某些目的。

从对方的企图而言，这样做无可厚非，但是对秘书来讲，理应婉言谢绝，坚辞不受。因为拿人家的手短，吃人家的嘴软，一旦收礼，盛情难却，对方有事相求，我们就很难拒绝了。因此，不收礼才是明智之举。

如果实在无法退回，或者退回去可能真会伤了对方的心，那我们也应该表示感谢，然后将礼物交由领导处理。

赠送礼物给他人是联络感情的方式之一，古代把礼物称为“手信”，意思就是手上信物珍贵至极，见物如见人。

秘书受领导之托送礼给对方，这也是人之常情，但我们千万不要将赠礼变成庸俗或赤裸裸的交易行为，否则必然会适得其反。

拜访的种类大致可分为工作拜访、商务拜访、私人拜访，但在礼仪规范上，要求都是一样的，那就是进门要致意，举止要得体，说话要客气，话题要适宜，送礼要有意，出门要行礼。

告辞出门后，应请主人留步，主动握手告别。

训练小结

拜访时，所有的动作与语言应该表现得准确无误，不能拖泥带水，不能含糊其辞，否则容易造成误解，影响拜访的效果。

因此，在训练时，反复演练拜访程序中每个环节的基本动作及规范用语，并且演练不同状况的应对技巧，就像其他职业规范那样从标准做起，一板一眼地练习，直到掌握要领，养成习惯。

训练科目 38 待客规范

训练目的

了解待客规范的基本要求，掌握待客过程的行为规范。

训练方式

影像观摩、专家演示、角色表演、专项演练、模拟操作、情景实训。

训练方法

观摩情景电视系列教学片《秘书规范》第八辑第 38 集。

教练分段讲解，现场示范，并设置模拟情境，安排学生分组进行角色扮演，体验与掌握待客的规范要领，做得像模像样，有板有眼，形成习惯。

训练时间

4 课时。

训练提示

待客和接待略有不同，接待比较公事化，待客比较私人化，因为待客通常是在家里招待客人。

因此，待客规范既有一定的程序性，又有浓厚的人情味。

俗话说：登门都是客，见面都是福。所以，待客规范中皆是与人为善、相敬如宾的礼仪之道。

训练内容

在家中待客要注意环境安排，尤其是每个细节，因为家庭环境反映着主人的审美观、生活情趣以及生活的态度，当我们邀请客人参观我们的居家时，客人就会产生相应的印象。

待客规范之一：以礼相候

待客前如有预约，理当重视，洒扫庭除，整洁以待，事先还要精心准备一下招待用品和用具，如水果、点心，茶水、茶具等。

如果必要，还应买些鲜花装饰一下。例如，黄色代表幸福，黄色玫瑰意味着幸福即将到来，如果用这种颜色的鲜花来表示对客人的欢迎，自然会让客人感到惊喜。

用心准备不仅考验我们的耐心，同时也表明我们的诚意。这个准备过程如同居家生活一样，营造的是一种气氛，而且做得干净利落和细腻精致，对我们修炼性情也是非常有帮助的。

待客之道强调的是宾至如归，我们有了好性情，才能将满怀的期待释放出来，并让客人感受到。

待客前如无预约，平时我们也要使自己的生活环境保持在一尘不染、有条不紊的状态，良好的生活习惯是保证生活质量、提高幸福指数、增加迷人指数的关键。如果环境整洁，即使客人不约而至，我们也不会手忙脚乱。

客人突然造访虽然会让我们措手不及，但平时收拾整洁的环境仍然能让我们开门迎客而无需不好意思。

待客规范之二：以礼相迎

待客时要仪容整洁，居家穿着不宜待客，毕竟内外有别，太

随意的打扮与举动，难免失礼与失格，甚至产生误会。

如果客人贸然到访，我们不太方便，可以请客人稍候，待我们换好衣服再来招呼问候。

总之，个人形象马虎不得，即使是在家里这样的私人空间，仍然有必要打扮一下，因为在别人眼里，秘书的形象始终应该优雅得体。

尤其涉及礼节方面，更不能掉以轻心，我们如果不在意，客人就会尴尬。

待客规范之三：以礼相待

如是重要客人，我们应提前在门外迎候。

如果客人不期而至，我们也应问明来意，热情相待。

即使是不速之客，我们也没有理由将对方拒之门外，礼貌的接待还是必要的。

互相打过招呼，或者互致问候之后，应请客人进屋就座，并主动敬上茶水。

对初次来访的客人，应向将其一一介绍给我们的家人。

对同行的其他客人，我们也要热情有礼，照顾周到，不让这些客人觉得拘谨。

若客人先后到访，我们应为他们主动介绍，相互认识，然后一同招待。

如果我们有事要和其中一方交谈，应向另一方打个招呼，作个解释，以免给客人造成厚此薄彼的错觉，引起误会。

客人登门拜访一般都会带些礼物送给主人，对此我们要有所反应，或者表示谢意，请求其以后来访时不要再携带礼品；或者回赠礼品。

一般客人寒暄之后，无需留其用餐，尤其是和家人在一起的时候。

但到了用餐时间，客人还未走，或在吃饭时客人突然登门拜访，则应主动邀请其共餐。

若客人到访时，我们正在处理事情不太方便，应向客人打个招呼。如时间不长，可请对方稍候；如时间较长，则应向客人致歉并说明情况，请对方另约时间。

待客规范之四：以礼相处

有客到访，打过招呼之后，我们的家人应礼貌回避。如家人同在家中，则应适当自律，避免干扰，避免争吵。若小孩不听话或做错事，不能在客人面前教训甚至打骂小孩，否则会令客人难堪。

如果客人不慎弄脏或弄坏我们的东西，我们应安慰客人不必在意，并且马上收拾干净，以此冲淡客人的内疚，打消客人的顾虑。

待客时，不宜经常看手表，因为这等于是在暗示客人：时间不早了，你怎么还不走？明摆着是在催促客人尽快离开。

当客人告辞时，我们应礼貌地婉言相留，只有当客人站起身坚持告辞时，我们才可以起身相送。否则客人一说要走，我们嘴上还在挽留，人却马上站起身要送，客人一定会觉得我们言不由衷。

待客规范之五：以礼相送

送客一般应送到大门口。

若是初次来访的客人，我们则因送到最近的车站，并为其选择一条便利路线，待客人上车后再返家。

若是重要客人，则应送到车边或路边，待其上车后，车子驶离我们的视线之外，我们再转身离开。

客人临走时可能会遇到意外情况，比如下雨了，天冷了，车坏了，等等。此时，我们应主动提供帮助，为对方排忧解难，以

尽主人之礼。

训练小结

待客也是一种习惯成自然的行为，次数多了，经验就会积累起来。

但是，经验再多，我们仍有必要因人而异，有针对性地接待不同的客人，使他们能够宾至如归，如愿以偿。

重要的是，在人际交往中，我们必须表现出应有的职业素养和礼仪水平，让人们在每个细节上感受到我们训练有素的特点，从而对我们刮目相看、赞赏有加。

训练科目 39　宴会规范

训练目的

了解宴会规范的基本要求，掌握宴会过程的行为规范。

训练方式

项目教学、专家演示、影像观摩、专项演练、模拟操作、情景实训。

训练方法

观摩情景电视系列教学片《秘书规范》第八辑第 39 集。

教练分段讲解，现场示范，并让学生模拟宴请及赴宴两种形式的全过程，演练每个环节中的操作规范，积累经验，教练则随时进行点评与指导。

训练时间

6 课时。

训练提示

宴会规范包括宴请与赴宴两种，前者行的是主人之礼，后者尊的是为客之道，都与社交礼仪有关。

宴请在程序与标准上颇有讲究，赴宴在礼节与规矩上更多要求。

宴请侧重于安排，安排必须妥当；赴宴偏重于表现，表现必须得体。

所以，两者应该分别训练，前者着重于方案，即书面作业；后者着重于表演，即模拟演练。

当然，排练过程中安排些意外，出一些难题，就像现实中不尽如人意一样，也是很正常的，正好可以锻炼我们的应变能力。

训练内容

宴请规范之一：精心准备

宴请属于比较郑重的社交活动，为求圆满，事先必须精心筹划，并按照标准的宴请程序，做一份具体的实施方案。

宴请方案包括以下内容：

1．宴请目的。

2．宴请对象。

3．宴请规模。

4．宴请形式。

礼节性的宴请采用宴会形式比较合适，庆祝性、纪念性、娱乐性、团队性的宴请采用冷餐会或酒会形式更有气氛，商量事情的宴请采用工作餐形式最为妥当。

5．宴请规格。正式或非正式，重要或一般。

6．宴请标准。特指人均消费标准。

7．宴请时间。公务性宴请一般安排在中午，商务及社交性宴请一般安排在晚上。

8．宴请地点。

9．宴请菜谱。菜谱应根据主要宴请对象的口味或偏好选择合适的风味，同时要考虑色香味俱全，荤素搭配合理，招牌菜、特色菜及时令菜均有安排，菜名吉祥或讨口彩。

点菜应根据人数定量，冷菜及热菜均应为双数，以示好事成双。

若是重要宴请，菜谱应请领导过目确认。

10. 宴请席次。

西式宴会的标准席次排列标准是男女主人对坐桌椅两端，男女宾客间隔而坐，夫妇分开，左为下右为上，男左女右间隔而坐。

中式宴会的标准席次排列标准是主桌以中间线为准，左为主人，右为客人，然后主人方和客人方依身份地位的重要性，依次向左侧和右侧顺序排开就座。其他桌则可随意就座。

正式宴会应制作席位卡，虚线折叠呈三角形，斜向两侧均打印或书写同一姓名，以便本人对号入座，以便领位员引导到位，以便客人之间彼此认识。

11. 宴请服务。确定接待、礼仪、主持、服务、保安、保洁、设备管理、衣物寄存、音响控制等专门人员及各自的分工、职责、权限、任务、上司、下属。

12. 宴请程序。按照正常程序及步骤依次明确，包括步骤顺序、基本内容、标准要求、具体做法、操作时限、相关责任人，做方案的过程能够帮助我们预想一下宴请的全过程以及所有细节，有利于我们提前发现问题并解决问题。

方案一旦完成，上报领导审批确认后即予以实施。

宴请规范之二：礼貌邀请

宴请一般都应发请柬，这既是一种礼节，也是一种提醒。

请柬均有标准格式，注明邀请者姓名、被邀请者姓名及尊称、宴请方式、宴请时间及地点、有关提示（如着装要求）。

请柬应提前发出，以便被邀请者及早安排。

非正式宴请一般只需打个招呼，口头邀请即可。

宴请规范之三：热情招待

宴请一般分为迎宾、就座、致辞、敬酒、用餐、送别环节。

凡是社交宴请，主人会在门口迎接客人，秘书则陪伴在后，协助应酬与引领。

凡是商务宴请，主人会在门口与熟人或重要嘉宾寒暄，而秘书则代为迎接与招呼其他客人。

秘书作为领导的助手，在宴请场合应该恰如其分地行使自己的职责，既不能喧宾夺主，又要面面俱到。

领导与主宾入席时，双方必定会礼让一番，此时秘书应先为主宾拉开坐椅，帮助其就座，然后再为领导拉开坐椅，帮助其就座。

宴请规范之四：依循礼节

正式宴请开始前，主人一般都会简短致辞，说明宴请的目的，顺便介绍主宾。

用餐完毕，主人和主宾起身离座，互相道谢，宴会即告结束，此时秘书的首要任务则是陪同领导送客。

赴宴规范之一：正装出席

一旦决定赴宴，如果不是特殊原因，不能临时取消。即使取消，也要事先取得对方的谅解。

赴宴的着装打扮应与职业身份相符，应与宴会格调相衬，应与领导身份相符，身着正装，端庄大方，内敛含蓄，优雅得体。

赴宴应化淡妆，如果天生丽质，索性素面朝天，别有风韵。

赴宴时应准时到场，见到熟人应主动招呼，倾谈几句；见到生人应礼貌点头，微笑示意。

赴宴规范之二：循礼守矩

入席应从座位左侧进入就座，以示谦虚。

入席后不能东张西望、发呆、摆弄餐具餐巾，这些失态之举有损秘书形象。

如果实在无聊，可以玩弄手机，当然最好是风度优雅地和邻座轻声交谈，或全神贯注地倾听别人谈话。

主人示意用餐后，我们才能将餐巾打开，平铺在自己的双腿上，中餐应将餐巾完全打开，西餐则将餐巾打开至双折。

中途因故离座，可将餐巾稍折一下放在桌上，但不能将餐巾放在椅子上，以免服务生误解，过来收拾。

用餐时吃相应优雅，切忌出现不良的行为习惯，如用筷子指人、边吃边说、吃出声音。

吃剩下的杂物应用筷子放在嘴边接住，然后放到骨碟里，不能直接吐在桌上。

搛菜要用公筷和公勺，把菜放至自己碗碟中，吃多少搛多少，然后再用自己的筷子食用。

敬酒礼数周到，饮酒浅尝辄止，除非领导要求代劳。

面对他人的服务与照顾，随时说声谢谢。

主人没有离席，客人不便告辞。临别表示感谢，敬请主人留步。

训练小结

宴请与赴宴何止请客吃饭那么简单，如果不经过历练，很可能会出洋相或闹笑话，让人觉得没见过世面。

因此，经历和经验是非常重要的，没有经历就没有经验。模拟也好，旁观也好，亲历也好，所有这些直接或间接的体验，到头来都会化作一板一眼的操作，只有到位了，并且能够适时应变，功夫才算到了家。

训练科目 40　公共规范

训练目的

了解公共规范的基本要求，掌握公共场合的行为规范。

训练方式

影像观摩、专家演示、角色表演、情景实训、案例研讨、分组练习。

训练方法

观摩情景电视系列教学片《秘书规范》第八辑第 40 集。

教练分段讲解，现场示范，学生分组研讨，互动交流，形成体会，加深印象，养成习惯。

训练时间

2 课时。

训练提示

秘书作为一种特殊职业，其一举一动随时随地会受人关注。即使是在公共场所，秘书的行为举止也很容易成为别人的话题。

当然，如果秘书注意自己的修养，随时随地保持自己的职业形象，那么，公共规范一定也能够做得非常到位。

训练内容

自古以来，人与人的交往都是通过社会环境来进行的，而公共规范则是约束每个人成为公民的有效工具。

公共规范是指在公共场所里，每一个人所必须遵守的约定俗成的规矩。每个人的行为既反映着自己对别人的态度，也反映着别人对自己的看法，这是一种彼此依存、相辅相成的关系。

公共规范之一：保持形象

秘书的职业形象不仅仅体现在办公室及职场上，很多时候，人们看待与评价一位专业人士，都喜欢从工作以外的场合及时间去寻找他的职业特征，然后理所当然地认为，他就应该是这样子的。

这就提醒了我们，无论任何场合，人们始终都是以秘书所从事的职业来看待我们的，而我们身上那种长期从事同一项职业所形成的鲜明的职业烙印，也证明了人们的判断。

想要改变这一点很难。

既然如此，我们何不保持这种与众不同的职业形象，做个专业人士?

尤其是在公共场合，我们的外表打扮，我们的谈吐举止，更加要体现出秘书秀外慧中、知书达理、温文尔雅、大方得体的职业形象的特性。

因为这种形象比较理性、亲和，容易获得人们的好感与喜欢，也容易获得人们的尊敬与善待。

有了这种以貌取人、先入为主的印象，我们与他人的沟通交往自然就很容易。

因此，在公共场合保持自己的职业形象，更能让我们体会到秘书职业的价值，从而更加热爱这份职业。

公共规范之二：遵守秩序

在公共场合当然要遵守公共秩序。

公共秩序是人们在生活中长期相处与磨合，逐渐形成的一套约定俗成、众所周知、彼此认同、合情合理、互相遵循的道德规范，人们以此来约束自己与人相处的行为。

例如，上下自动扶梯，左行右立。

又如，坐公交车先下后上，坐电梯先出后进，人多时要排队，人挤时要礼让，等等。

所有这些公序良俗，我们都必须身体力行，做个遵章守法的典范。

而凡是有碍观瞻、有损形象的不雅举动及不良习俗，肯定都会遭人诟病，我们当然没必要保留。

这种公共秩序的修身养性的例子，在日常生活中还有很多，我们不妨做个有心人，分类归纳一下我们身边常见的公共秩序，比如出行、坐车、驾车、逛街、用餐、娱乐、旅游、购物，打手机、看电影等，并把它们一一写下来。写完了我们就会发现：天哪，居然会有那么多的规矩与讲究?！看来，做人容易，做个公民还真不容易。

而整理编写的过程本身，对我们也是一种很好的学习与修炼。

公共规范之三：践行礼仪

公共秩序与公共礼仪关系密切，彼此影响，有时候很难分别，因为公共秩序的很多实际内容就是礼仪行为，而公共礼仪的很多具体做法就是秩序要求。

所以，我们在遵守公共秩序时，理所当然要积极倡导公共礼仪，而且要身体力行，以身作则。

礼仪是人们在社会交往中普遍遵循的文明行为准则，礼仪可以帮助我们规范言谈举止，学会待人接物，塑造良好形象，赢得社会尊重。

而公共礼仪是人们在公共环境中生活及交往行为的一种约定俗成的基本规范和普世原则，是人生在世与人相处的行为准则。

公共礼仪大多是一些生活及交往细节的具体做法与要求，比如见面、称呼、介绍、致意、陪同、邀请、接待、拜访等。事无巨细，都与礼貌有关，都能生动反映人们的文明素养，敏锐体现社会的文明程度。

作为秘书，我们在公共场合中必须随时随地提醒自己：

一要以诚相待。常怀敬人之心，给他人以充分礼遇；常怀感恩之心，给他人以足够重视。

二要宽容大度。严于律己，宽以待人；己所不欲，勿施于人；容人之短，谅人之过。

三要把握分寸。尊重他人隐私，回避敏感话题；不使他人尴尬，不让他人为难；既要热情交往，又要理性控制；加强沟通交流，保持适当距离。

总之，我们要以自己长期修为的文明修养和职业素养来践行公共礼仪，不仅成为职场专家，而且成为公共专家；不仅掌握流程，而且执行规范；不仅以身作则，而且成为典范。如此而行，我们就一定能成为出类拔萃的优秀秘书，成为令人称道、受人尊敬的专业人士！

训练小结

在公共场合，秘书既是职业人士，也是公众人物，尤其是陪同上司或代表上司及所在单位参加公共活动时，秘书很容易成为众人关注的对象。

所以，秘书必须随时随地保持自己的职业形象，谈吐得体，行为得当。

并且，在一切公共场合，成为礼仪的典范。

本 册 考 题

一、考评题目

考评题一

现场演示与人相处全过程，逐一表现见面、招呼、握手、自我介绍、交换名片、交谈、沟通等行为规范的掌握及运用程度。

限时 10 分钟。

考评题二

现场演示文书写作与文书处理全过程，分别表现公文写作与收文、发文等工作行为规范的掌握及运用程度。

限时 10 分钟。

考评题三

现场演示前台操作全过程，逐一表现接待、招待、引领、引见、介绍、接听电话、拨打电话、收函、发函、处理电邮等行为规范的掌握及运用程度。

限时 10 分钟。

考评题四

现场演示秘书工作全过程，逐一表现请示、汇报、受命、复命、陪同、助理、代理、代言、代办、安排等行为规范的掌握及运用程度。

限时 10 分钟。

考评题五

现场演示办公室工作全过程，分别表现环境管理、设备管理、人事管理、流程操作、关系协调、工作交接等行为规范的掌握及运用程度。

限时10分钟。

考评题六

现场演示客户服务全过程，分别表现迎接、送别、会见、会谈、签约、客服、出差、考察等行为规范的掌握及运用程度。

限时10分钟。

考评题七

现场演示会议组织全过程，分别表现筹备、通知、安排、落实、会务、主持、记录、应变、善后、会议文件处理等行为规范的掌握及运用程度。

限时10分钟。

考评题八

现场演示公共关系处理过程，分别表现公关、交际、拜访、告辞、待客、送行、收赠、应酬等行为规范的掌握及运用程度。

限时10分钟。

考评题九

现场演示宴会举办全过程，分别表现筹备、通知、安排、落实、接待、礼节、应变、善后等行为规范的掌握及运用程度。

限时10分钟。

考评题十

现场演示人际关系处理过程，分别表现与领导、同事、下属相处时行为规范的掌握及运用程度。

限时 10 分钟。

二、考评方式

考评方式为 360 度现场综合印象考核环评加权法，个人或分组演示由考评组指定的考题规定内容。

考评员 5 名，其中一名任主考官。

主考官居中而坐，其他 4 名考评员分坐四角，面对考生，各自打分。

主考官从考评题库中随机抽取一道或若干道题目，或在考评内容范围内另行出题，要求考生即兴演示或解答。

考评组根据考生现场表现，参照 10 项考评标准当场打分，每项评分为 10 分，5 位考评员各自独立打分。

考评结束，评分汇总，去掉最高分与最低分，中间 3 个评分相加除以 3，即为最终得分。

或设 3 名考评员，考评分相加即为最终得分。

主考官当场最终公布得分并记录备案，作为考评合格与否的依据。

每位考生平均考评时间为 10 ～ 20 分钟。

三、考评标准

秘书规范考评标准根据形象、神态、谈吐、举止、反应、应对、应变、流程、操作、标准 10 项指标设定，每项评分为 10 分，评分标准如下：

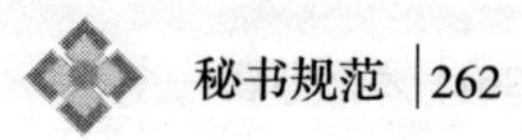

表现优秀：9 ～ 10 分；

表现良好：7 ～ 8 分；

表现一般：5 ～ 6 分；

表现较差：3 ～ 4 分；

表现低劣：1 ～ 2 分。

10 项评分相加，总评分 80 分合格。

附　　录

附录一：

廖金泽秘书实效训练课程评估表

我正在持续改进与完善此项训练课程，如果您愿意，您的意见和建议将是我最重要的参考与借鉴。请填写此表后交给现场教练，或通过“廖金泽的博客”与我本人联系，签名与否由您自己选择，但签名者将有机会获得一份礼品。

一、您对此项课程的感觉如何？

[ ] 很高兴参加

[ ] 无所谓

[ ] 有些失望

[ ] 非常失望

二、请您写下对此项课程的真实感受。

三、您对此项课程中哪些内容体会最深、受益最多？

四、您通过此项训练后是否有显著进步？

[ ] 很多

[ ] 一点点

[ ] 没有

五、您认为此项课程中哪些内容应该改善。

六、您是如何知道此项课程的？

七、我期待着与大家分享您的经验，如果您允许我引用您的经验，请签署下列内容：

您的姓名：________________________________

您的单位：______________________________

您的职务：______________________________

您所在的城市：__________________________

您的联系方式：__________________________

真诚感谢您的合作！

廖金泽

附录二：

廖金泽秘书实效训练课程训练方式介绍

一、项目训练

教练根据学员的知识结构、现有条件和训练要求设置有关项目，讲解并演示相应的工作流程及操作标准，安排学员或单独，或分组，或自由组合进行项目演练，并规定时限、情境、要求、任务，以此调动学员的学习积极性和主动参与性，培养学生的思考、整合、组织、合作、执行、操作、应变等能力。

教练作为项目训练的设计、示范、指导、评价者，在训练现场与学员进行互动，并酌情提示和点评。

项目训练的程序是：

1．确定项目；

2．介绍内容；

3．组建团队；

4．明确任务；

5．开展作业；

6．完成报告；

7．交流成果；

8．现场评价。

项目训练的好处在于能够迅速有效地提升学员的综合能力，而且成就感非常明显。

二、专家演示

聘请专业人士到场，为学员介绍专业特点，演示专业技能，传授专业经验。

三、资料展示

通过各种专业性的实物资料来展示相关的秘书工作内容，如办公软件、各种表格、SOP、PPT。

四、角色表演

教练采用导演说戏、演员排戏的模式，根据秘书工作某项具体事务来设置相应的规定内容与规定要求，让学员分别扮演不同角色，按照项目进程进行互动表演，从中体会与感悟角色的心态及表现，学会在互动中揣摩对方心思，理解对方意图，体谅对方难处，从而了解与掌握不同角色待人处世的应对本领。

教练的工作就是安排角色，布置任务，现场指导，适时点评。

不参加表演的学员则作为观众或评委，甚至在半途互换角色。

角色表演适用于心理性、互动性、应变性、动作性、规范性较强的训练内容，如请示、汇报、接待、拜访。

角色表演的好处在于能够有效激发学员的兴奋度和参与感。

五、现场观摩

针对那些强调职业规范的训练内容，安排学员参观企事业单位，现场感受秘书的工作氛围，观摩专业人士的工作表现，从中体会职业化与标准化的重要性。

六、影像观摩

根据训练内容，安排学员观看反映秘书工作的影像资料，例如由专业演员在真实工作环境中拍摄的40集情景电视系列教学片《秘书规范》、电视连续剧《市委书记》等，从中直观地了解与掌握工作要领，积累相关的专业经验。

影像观摩的好处在于利用直观效果，演示职业标准，并潜移默化地对学员进行职业熏陶。

七、图书阅览

根据训练需要，安排学员阅读秘书专著或职场读物，从中客

观地了解与掌握秘书的职业特点，积累相关的专业经验。

这些图书包括廖金泽的《秘书是这样炼成的》、《就该这样做女人》，梁凤仪的《秘书必读》，石咏琦的《五星级秘书》，李可的《杜拉拉升职记》，王学文的《市长秘书》、《驻京办主任》。

阅览专业图书的好处在于利用文化效果来潜移默化地对学员进行职业熏陶。

八、专项演练

教练针对某项具体事务，结合角色表演，安排学员开展专项演习，从中感受与了解相关事务处理的流程及环节，熟悉并掌握相应的操作标准。

演练之前，教练必须向学员交代任务，分配角色，明确要求，规定时限，并随时给以指导和点评。

九、模拟操作

教练自制教具或课件，通过一些简单实用的手段，营造一种逼真的工作氛围，引导学员采用想象及联想的方法实施训练。

凡是程序性和操作性的秘书工作，都可以模拟操作方式进行训练，以弥补实操或实训条件之不足。如传统的“文件篮训练”，现代的动漫游戏、人机对话。

模拟操作的好处在于利用仿真系统来激发学员的想象力及表现力，从中积累实际工作经验。

如果不是人机对话式的模拟操作，教练必须在场指导与点评，以保证训练不会乏味或流于形式。

十、情景实训

在不影响正常工作秩序的前提下，安排学员在校企合作基地或关系单位内的真实环境中进行专项实训。

实训关键在于目的明确、组织严密、准备充分、安排得当、时间紧凑。

实训过程可以录像，然后进行点评。

情景实训的作用在于现场感强，实效性强，在真实环境和实

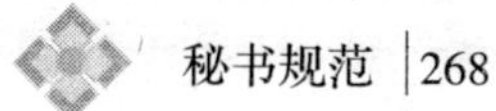

际工作中，学员的专业水平能够最大限度地发挥与提高。

十一、案例研讨

凡是咨询性和问题性较强的训练内容，比如人事规范、协调规范，都适合用案例研讨的方式进行训练。

案例可从专业参考书中收集，或从相关实务中寻找。

案例研讨没有标准答案，只有N种可能的结果，因为案例研讨的结果是可行性方案，只能用合适与否来做判断。

教练必须参与研讨过程，并适时启发、引导、点评，使研讨过程成为训练过程，使研讨结果成为学员的有效经验。

案例研讨的作用在于调动学员积极参与，在集思广益的过程中开启智慧、积累经验。

十二、分组练习

分组练习既能保证每个学员有一定的训练机会和充足的训练时间，也能保证每个集体有合适的互动空间与有效的整合平台，小组内互动效果明显，互相示范、探讨、纠正；小组与小组之间则彼此竞技，多向交流，有可能拓展更多的专业表现形式。

分组练习成功的关键在于各组组长不仅是召集人，更是助教，必须能领会教练的意图，并能带领各自的小组成员成功地完成练习任务。

十三、个人训练

凡是动作性、操作性较强的训练内容，比如形象规范、仪态规范、举止规范，都适合用此方式进行训练。

先由教练或专业人士进行相关示范，或观摩资料片，锁定具体动作，明确训练要求，然后安排学员在规定时限内以标准规范各自训练，再集体检查个训结果，并做现场点评。对未达标者要求其继续训练，直至符合规范要求为止。

十四、跟班实习

如有条件，安排学员跟随指定的专业人士进行实习，即“拜师学艺”。

实习分为在校实习、毕业实习两种形式，前者根据训练安排进行相应的专项实习，后者根据训练结果进行系统的综合实习。

实习也可根据合作单位或用人单位需要，适时调整训练内容，结合实习要求，重新制订与实施训练计划。

附录三：

廖金泽秘书实效训练课程系列

《秘书素养》目录

第三单元　职业性格

训练科目 11　认真训练
训练科目 12　细致训练
训练科目 13　温顺训练
训练科目 14　谦逊训练
训练科目 15　干练训练

第四单元　职业心态

训练科目 16　挫折训练
训练科目 17　委屈训练
训练科目 18　沉稳训练
训练科目 19　宽容训练
训练科目 20　感恩训练

第五单元　职业操守

训练科目 21　忠诚训练
训练科目 22　信用训练
训练科目 23　正直训练
训练科目 24　服从训练
训练科目 25　保密训练

第六单元　职业悟性

训练科目 26　敏感训练
训练科目 27　思考训练
训练科目 28　领悟训练
训练科目 29　分析训练
训练科目 30　决断训练

第七单元　职业道德

训练科目 31　就职训练
训练科目 32　离职训练
训练科目 33　敬业训练
训练科目 34　责任训练
训练科目 35　完美训练

第八单元　职业表现

训练科目 36　意识训练
训练科目 37　态度训练
训练科目 38　行为训练
训练科目 39　语言训练
训练科目 40　气质训练

《秘书技能》目录

第四单元　配合能力

训练科目 16　匹配训练
训练科目 17　默契训练
训练科目 18　协助训练
训练科目 19　合作训练
训练科目 20　代理训练

第五单元　筹划能力

训练科目 21　创意训练
训练科目 22　策划训练
训练科目 23　统筹训练
训练科目 24　安排训练
训练科目 25　预演训练

第六单元　组织能力

训练科目 26　团队训练
训练科目 27　领导训练
训练科目 28　控制训练
训练科目 29　协调训练
训练科目 30　激励训练

第七单元　执行能力

训练科目 31　操作训练
训练科目 32　流程训练
训练科目 33　标准训练
训练科目 34　效率训练
训练科目 35　品质训练

第八单元　写作能力

附录　20 个有效提升秘书职业能力的原创训练游戏

《秘书实务》目录

训练科目 17　会议接待
训练科目 18　会议文书
训练科目 19　会议事务
训练科目 20　会议善后

第五单元　办事实务

训练科目 21　注册事务
训练科目 22　年检事务
训练科目 23　财税事务
训练科目 24　银行事务
训练科目 25　杂项事务

第六单元　行政实务

训练科目 26　行政事务
训练科目 27　行政制度
训练科目 28　行政管理
训练科目 29　人事管理
训练科目 30　总务管理

第七单元　管理实务

训练科目 31　制度管理
训练科目 32　绩效管理
训练科目 33　上司管理
训练科目 34　问题管理
训练科目 35　危机管理

第八单元　项目实务

训练科目 36　项目策划
训练科目 37　项目谈判

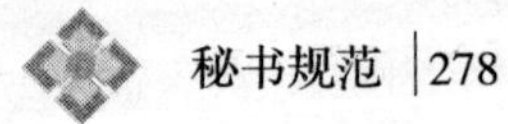

训练科目 38　项目计划
训练科目 39　项目运作
训练科目 40　项目管理